Tutorium an der Hochschule

Ein Manual für Tutorinnen und Tutoren

Christina Krause, Volker Müller-Benedict

unter Mitarbeit von

Margarita Valdesprieto Rocha, Katia Castellares Añazco, Kathia Hanza Bacigalupo,
Mónica Sánchez Pérez, Juan Carlos Crespo, Julio del Valle

Das Projekt wurde ermöglicht durch die Bereitstellung von Mitteln des Bundesministeriums für wirtschaftliche Zusammenarbeit und Entwicklung (BMZ) im Rahmen des Programms „Fachbezogene Partnerschaften mit Hochschulen in Entwicklungsländern" des DAAD.

Berichte aus der Sozialwissenschaft

Christina Krause, Volker Müller-Benedict

Tutorium an der Hochschule

Ein Manual für Tutorinnen und Tutoren

Shaker Verlag
Aachen 2007

Bibliografische Information der Deutschen Nationalbibliothek
Die Deutsche Nationalbibliothek verzeichnet diese Publikation in der Deutschen
Nationalbibliografie; detaillierte bibliografische Daten sind im Internet über
http://dnb.d-nb.de abrufbar.

Copyright Shaker Verlag 2007
Alle Rechte, auch das des auszugsweisen Nachdruckes, der auszugsweisen
oder vollständigen Wiedergabe, der Speicherung in Datenverarbeitungs-
anlagen und der Übersetzung, vorbehalten.

Printed in Germany.

ISBN 978-3-8322-5810-8
ISSN 0945-0998

Shaker Verlag GmbH • Postfach 101818 • 52018 Aachen
Telefon: 02407/9596-0 • Telefax: 02407/9596-9
Internet: www.shaker.de • E-Mail: info@shaker.de

Inhaltsverzeichnis

1 ZUM BEGRIFF „TUTORIUM"...4
   1.1 Historische Aspekte..4
   1.2 Theoretische Aspekte 5
2 ZUR FUNKTION EINES TUTORIUMS..7
3 ANFORDERUNGSPROFIL (Lima)..11
4 VORBEREITUNG UND DURCHFÜHRUNG EINES TUTORIUMS 15
   4.1 Kommunikation (Göttingen)..15
      4.1.1 Das Kommunikationsmodell von Friedemann Schulz von Thun 17
      4.1.2 Gesprächsführung und Moderation...19
      4.1.3 Problembewältigung und Konfliktlösung 24
   4.2 Organisation des Lernprozesses (Lima) 29
      4.2.1 Lernziele..29
      4.2.2 Lernmotivation 30
      4.2.3 Lernstile...32
      4.2.4 Lernaktivitäten 33
      4.2.5 Die Bewertung des Lernfortschritts in den Sitzungen 40
         4.2.5.1 Ziele der Bewertung...40
         4.2.5.2 Bewertungskriterien 41
         4.2.5.3 Planung und Zeitpunkte der Bewertung...41
         4.2.5.4 Bewertungsinstrumente 42
   4.3 Lernstrategien und Lerntechniken (Santa Clara) 46
      4.3.1 Strategien für effizientes Lernen 49
      4.3.2 Techniken zum effizienten Lernen und Zusammenfassen von Informationen.52
5 ARBEITSPLAN (Santa Clara)..59
   5.1 Vorkenntnisse und Erwartungen der Studierenden 59
   5.2 Die Ausarbeitung des Arbeitsplans 61
6 EVALUATION DES TUTORIUMS (Flensburg) 64
   6.1 Evaluation des kompletten Tutorenprogramms 64
      6.1.1 Indikatoren der Makroebene 66
      6.1.2 „Weiche" und „harte" Indikatoren...67
   6.2 Evaluation auf der Mikroebene 67
      6.2.1 Themenbereiche einer Mikro-Evaluation...68
         6.2.1.1 Für die Tutoren...68
         6.2.1.2 Für die Studierenden 69
      6.2.2 Erstellen eines Fragebogens zur Evaluation des eigenen Tutoriums 70
         6.2.2.1 Formulierung von Forschungsfragen 70
         6.2.2.2 Auswahl von Indikatoren und Items 72
         6.2.2.3 Qualitative Befragungen 74
         6.2.2.4 Quantitative standardisierte Fragebögen: Formulierung der Items.........74
         6.2.2.5 Quantitative standardisierte Fragebögen: Formulierung der Antworten..75
   6.3 Interpretation der Ergebnisse von Fragebögen/Befragungen....................................76
      6.3.1 Qualitative Interpretation 76
      6.3.2 Quantitative Interpretation 77
   6.4 Hinweise zur Durchführung einer Evaluation...78

7 ERFAHRUNGEN MIT TUTORIEN AN UNIVERSITÄTEN IN KUBA, DEUTSCHLAND UND PERU 79
7.1 Erfahrungen an der Universidad Pedagógica Félix Varela de Villa Clara 79
7.2 Erfahrungen an der Georg-August-Universität Göttingen 81
    7.2.1 Zielstellung 82
    7.2.2 Die Module des Curriculums 83
7.3 Erfahrungen an der Pontificia Universidad Católica del Perú 90
LITERATUR 92
ANHANG 94
Anhang 1: Fragebogen für die Tutoriumsteilnehmer 94
Anhang 2: Leitfaden zur Durchführung einer Beobachtung 96
Anhang 3: Lernstile und Lerninhalte 97
Anhang 4: Instrument zur Bewertung von Gruppen 99
Anhang 5: Fragebogen der Universität Göttingen zur Evaluation von Tutorien (WS 2002/03 - SS 2004) 100

PROLOG

Dieses Handbuch ist ein Ergebnis der gemeinsamen Arbeit von Wissenschaftlern aus Deutschland und Lateinamerika im Rahmen des vom DAAD geförderten Projektes „Qualifizierung der Beratungs- und Tutorentätigkeit zur quantitativen Erhöhung und qualitativen Verbesserung der Studienabschlüsse". Beteiligt waren die Georg-August-Universität Göttingen (Deutschland), die Pontificia Universidad Católica del Perú in Lima (Peru) und die Universidad Pedagógica Félix Varela in Santa Clara (Kuba). Außerdem konnten die Erfahrungen aus der Universidad Autónoma de Nuevo León in Monterrey (Mexiko) genutzt werden. Auf einem Arbeitstreffen in Monterrey wurde das Programm zur Ausbildung akademischer Tutoren, das im „Centro de Apoyo y Servicios Académicos" der UANL entwickelt worden ist, diskutiert.

Die Arbeit an dem Handbuch wurde im Jahr 2003 begonnen. Dank der Unterstützung des DAAD war es möglich, regelmäßige Treffen in jedem der am Projekt beteiligten Länder durchzuführen, so dass eine kontinuierliche Fortführung des Projektes gesichert war.

Obwohl das Tutorium in jeder der teilnehmenden Universitäten seine Besonderheiten aufweist, haben alle das Ziel, die Studienbedingungen zu verbessern. Eine andere Gemeinsamkeit besteht darin, dass Studierende höherer Semester als Tutoren und Tutorinnen arbeiten. Daraus wiederum entstehen auch ähnliche Probleme, die vor allem die Qualifizierung der Tutoren betreffen.

Nach einer gründlichen Analyse der Situation von Tutorien in den beteiligten Universitäten musste festgestellt werden, dass sie zwar eine wichtige Funktion erfüllen, dass sich das aber in keiner Weise in dem öffentlichen Diskurs innerhalb der Universitäten widerspiegelt. Den Tutoren und Tutorinnen steht auch wenig Literatur zur Verfügung, da sich bisher kaum Veröffentlichungen zu diesem Thema finden lassen. So entschlossen wir uns zu diesem Buch, das als praktische Handreichung gedacht ist und euch, liebe Tutorinnen und Tutoren, ein Wegbegleiter sein will.

Das Handbuch wird sowohl in deutscher als auch in spanischer Sprache veröffentlicht. Die Autorinnen und Autoren haben in vielen Diskussionsrunden versucht, über nationale Unterschiede hinweg zu einem Konsens zu kommen. Trotzdem lassen sich die stilistischen und formalen Unterschiede der Wissenschaftskulturen nicht verleugnen und sollen in diesem Buch auch zu erkennen sein. Hinter den Kapitelüberschriften werden deshalb die Herkunftsländer der Verfasser/innen der ursprünglichen Versionen genannt. Bei der Übersetzung haben sich die Herausgeber um möglichst authentische Wiedergabe bemüht. Wir sind sehr an Rückmeldungen interessiert.

Georg-August-Universität Göttingen, Deutschland:
Prof. Dr. Christina Krause, ckrause@uni-goettingen.de

Universität Flensburg, Deutschland:
Prof. Dr. Volker Müller-Benedict, vbenedi@uni-flensburg.de

Pontificia Universidad Católica del Perú, Lima, Peru:
Lic. Juan Carlos Crespo, Lic. Katia Castellares Añazco, Lic. Mónica Sánchez Pérez, Dr. Kathia Hanza Bacigalupo, Dr. Julio del Valle

Universidad Pedagógica Félix Varela de Villa Clara, Santa Clara, Kuba:
Prof. Dr. Margarita Valdesprieto Roche, Lic. Barbara Cabezas Plobet

EINLEITUNG

Dieses Handbuch ist an Tutoren und Tutorinnen gerichtet, die die begleitenden Veranstaltungen zu Vorlesungen und Seminaren von Hochschullehrern und –lehrerinnen in einer bestimmten Disziplin durchführen und damit den Studierenden helfen, grundlegende Konzepte dieser Disziplin zu verstehen und Fähigkeiten zum wissenschaftlichen Arbeiten zu entwickeln. Außerdem haben sie die Aufgabe, den Studenten und Studentinnen persönliche Aufmerksamkeit zukommen zu lassen, Orientierungshilfen zu geben und sie bei Entscheidungen zu unterstützen.

Das Handbuch soll ein nützliches Instrument zur Gestaltung von Tutorien sein, deshalb ist es in einer direkten, unmittelbaren und verständlichen Form geschrieben. Wir sprechen euch persönlich an, deshalb verwenden wir das Pronomen „du". Die Unterschiede, die wahrscheinlich im Stil der einzelnen Kapitel wahrgenommen werden können, sind einem Dokument, das von Experten verschiedener Länder und Sprachen verfasst wurde, inhärent und nicht ganz zu vermeiden.

Um die Arbeit mit dem Handbuch zu erleichtern, wurden Markierungen gesetzt, durch die bestimmte Schwerpunkte und Formen des Zugangs zum Thema leicht zu erkennen sind. Mit einer Glühbirne haben wir Aufgaben, die zur Reflexion über Aussagen, Fragen oder Praxisbeispiele aufrufen, gekennzeichnet. Mit einem Fragezeichen wird zu Antworten auf direkte Fragen aufgefordert und an einem Bleistift sind Übungen zu erkennen.

Das Handbuch besteht aus sechs Kapiteln. Im ersten Kapitel werden Begriffe geklärt und erste konzeptionelle Vorstellungen zu Tutorien diskutiert. Es wird zunächst ein kurzer historischer Abriss zur Entwicklung von Tutorien vorgenommen, und es werden die wichtigsten Erfahrungen in Deutschland und den USA hierzu dargestellt. Bei der Begriffsdefinition wird „Tutorium" zunächst von den Begriffen „Betreuung" und „Orientierung" abgegrenzt, um so – ausgehend von der Analyse der Definitionen verschiedener Autoren – eine Arbeitsdefinition und damit eine gewisse Übereinstimmung der spanischen und deutschen Nutzung des Wortes für dieses Handbuch zu finden. Abschließend werden die Vorteile, welche die Tutorien bieten, aufgeführt.

Im zweiten Kapitel werden die wesentlichen Funktionen, die durch Tutorien realisiert werden sollen, erklärt und mit Beispielen beschrieben.

Im dritten Kapitel werden die Kerneigenschaften skizziert, über die ein Tutor/eine Tutorin zur Erfüllung seiner/ihrer Aufgaben verfügen sollte. Unter der Berücksichtigung der Tatsache, dass diese Eigenschaften im Laufe der Tutoren-Tätigkeit ausgebildet werden sollten, beinhaltet das vierte Kapitel drei Themen: die Kommunikation, die notwendige methodisch-didaktische Unterstützung für die Gestaltung des Tutoriums und die Lernstrategien und -techniken.

Im fünften Kapitel werden Hinweise für die Erstellung eines Arbeitsplans – veranschaulicht mit einem praktischen Beispiel – gegeben.

Im sechsten Kapitel werden Hilfen für die Evaluation von Tutorien gegeben, und zwar sowohl Evaluation auf der Makroebene als auch auf der Mikroebene.

Im siebten und letzten Kapitel werden die Erfahrungen der in diesem Projekt teilnehmenden Universitäten vorgestellt, womit ihr einen Einblick in die sehr unterschiedlichen Formen von Tutorien – selbst innerhalb einer Universität – erhalten könnt.

Wir haben versucht, ein Handbuch für Studierende, die als Tutoren tätig sind, zu verfassen. Neben der fachlichen Aufgabe haben diese auch immer eine betreuende Funktion und üben somit großen Einfluss auf die Motivation der Studierenden aus. Ihre Bedeutung für die Lehr- und Lernprozesse an der Universität werden zukünftig noch zunehmen. So wird zum Beispiel die Einführung der Studiengebühren in Deutschland nicht neue Hochschullehrerstellen zur Folge haben, sondern es wird eher zu einer Erweiterung von Tutorien führen.

1 ZUM BEGRIFF „TUTORIUM"

Du stehst am Anfang deiner Arbeit als Tutor bzw. Tutorin? Dann denke bitte über die folgende Frage nach und notiere deine Antworten.

> Was erwartest du von deiner neuen Tätigkeit?
>
> Meine Erwartungen sind: **?**

Du hast schon als Tutor bzw. Tutorin gearbeitet? Dann stelle dir bitte folgende Fragen: Was weiß ich über Tutorien? Wer hat mich in diese Aufgabe eingeführt? Welche Bedeutung haben Tutorien in meiner Universität? Gibt es eine Ausbildung oder Weiterbildung für Tutoren an meiner Universität?

> Welche Erfahrungen hast du bisher als Tutor/in gesammelt?
>
> Meine Erfahrungen sind: **?**

Wir gehen davon aus, dass du über die historische Entstehung von Tutorien und die verschiedenen Konzepte oder Modelle wenig weißt und wollen deshalb ein paar Ausführungen dazu machen, um dich in die Arbeit als Tutor/in einzuführen.

1.1 Historische Aspekte

Die Idee eines Tutors ist eine universitäre Tradition und schon seit dem Mittelalter bekannt. Sie war immer verbunden mit dem Mangel an Lehrkräften und der Hilfe für Studierende verschiedenen Alters. Im 19. Jahrhundert lebte diese Idee wieder auf, in den 50er und 60er Jahren des 20. Jahrhunderts waren in den USA verstärkte Bemühungen um die Einrichtung von Tutorensystemen an den Hochschulen zu verzeichnen.

Verschiedene Untersuchungen in den USA im Rahmen von „Students help Students", zum Beispiel von Lipitt (1971), Rosenbaum (1973) und Devin-Sheeham (1976), wiesen auf die Effektivität von Tutorien zur Verbesserung der Leistungen der Studierenden hin. Dennoch gab es auch viel Kritik, da ein strukturiertes Systems zur Ausbildung der Tutoren ausblieb.

Heute ist die Nutzung unterschiedlicher Formen von Tutorien an Universitäten international üblich (Arguíz 2001, Sanz/Castellano 1996, Rivas 1995, Knauf/Schmithals 2000). In den meisten

Ländern ist es so, dass Dozenten bzw. Dozentinnen als Tutoren tätig sind. Es gibt aber auch effektive Tutorensysteme, in denen Studierende höherer Semester diese Rolle übernehmen. Für diese Form von Tutoren ist dieses Handbuch geschrieben.

1.2 Theoretische Aspekte

Bevor die verschiedenen Tutorienkonzepte diskutiert werden, soll das Tutorium von anderen ähnlichen Konzepten wie zum Beispiel Beratung und Betreuung abgegrenzt und deren historische Entwicklung aufgezeigt werden. Für einige Autoren (z.B. Álvarez 2002 und Bisquerra 1996) sind Beratung und Tutorium zwei zusammenhängende Konzepte. Dabei versteht Bisquerra (1996) „Beratung" weiter und umfassender als Tutorien, er definiert Beratung als einen Prozess der systematischen und kontinuierlichen Hilfe. Beratung kann alle Seiten der Persönlichkeit ansprechen und ist insbesondere auf die Unterstützung der Entwicklung von Personen oder Gruppen gerichtet. Die Tutorien versteht er als einen Teilbereich der Beratung.

Es ist sinnvoll, die Tutorien von der Studentenberatung abzugrenzen. Letztere ist eine Aktivität, die traditionell von Hochschulen angeboten wird und klar definierte Ziele hat, z.B. Hilfe bei der Studienwahl, Beratung bei der Erstellung von Abschlussarbeiten, Unterstützung bei der Beantragung von Sozialleistungen, Koordination von Berufspraktika und Beratung bei der Lösung von Problemen im Lernprozess, von Konflikten und Beschwerden auf Grund von nicht bewältigtem Stress.

Alcántara Santuario (1990) versteht Tutoríum als eine Form konzentrierter Arbeit im Bildungsprozess, durch die ein Lehrender (Tutor) mit einem Studierenden oder einer kleinen Gruppe von Studierenden (ca. 10 Personen) intensiv und konzentriert arbeitet, wobei in dieser Konstellation auch das Üben von Lerntechniken und Anwenden verschiedener Methoden des wissenschaftlichen Arbeitens möglich sind.

Die Asociación Nacional de Universidades e Institutiones de Educación Superior de México – der nationale Verein der Universitäten und Institutionen höherer Bildung in Mexiko – versteht Tutorium als einen Begleitprozess während der Ausbildung der Studierenden. Auch hier wird die Möglichkeit der intensiven und persönlichen Beschäftigung mit den Problemen einzelner Studenten betont (ANUIES 2000).

Im Tutorenprogramm für Studierende der chemischen Fakultät der Universidad Autónoma de México aus dem Jahre 2005 wird Tutorium aufgefasst als eine Aktivität zur Unterstützung und individuellen Betreuung der Studierenden durch einen Tutor. Faktoren, die den Ablauf des Tutoriums bestimmen, sind in diesem Ansatz: die von den Studierenden geäußerten Bedürfnisse, die Einschätzung der notwendigen Schritte durch den Tutor und der gemeinsam erarbeitete Plan für den Ablauf der einzelnen Sitzungen.

Im institutionellen Tutorenprogramm an der Universidad Autónoma de Chihuahua, Mexiko (Reglamento 2006) wird Tutorium als ein Prozess begriffen, durch den den Studierenden in individueller Form oder in Gruppen eine systematische und integrative Unterstützung zukommt. Dies geschieht mit Hilfe von geeigneten Dozenten und Dozentinnen, die zu diesem Zweck ausgewählt und als Tutoren benannt werden, mit dem Ziel, die Studierenden in den universitären Ablauf zu integrieren, den Lehr- und Lernprozess zu optimieren und die Studierenden in allen auf die akademische Entwicklung ausgerichteten Aktivitäten zu orientieren und zu beraten.

Gonzales et al. (2004) verstehen das Tutorium an der Hochschule als einen inhärenten Teil der universitären Ausbildung. Tutorien haben ihrer Meinung nach das Ziel, die Anpassung an die Universität und an das Studium zu erleichtern und bei der curricularen und beruflichen Orientierung zu helfen. Sie definieren das Tutorium in einem spezifischen Fach als eine Lehrveranstaltung, die die Studierenden bei der Erarbeitung der disziplinspezifischen Inhalte, welche von Dozenten in den Lehrveranstaltungen vorgestellt werden, begleitet. Auch praktische Übungen werden als Tutorium definiert, denn sie haben in der Regel das Ziel, den Studierenden die notwendigen Fähigkeiten und Werkzeuge zu vermitteln, damit sie die Themen professionell bearbeiten können. Die von Gonzales et al. definierten Übungstutorien kommen dem Anliegen dieses Handbuches sehr nahe, da es gerade diese Form von Tutorien ist, die Studierende als Tutoren durchführen.

Demnach ist das Tutorium ein Prozess der akademischen Begleitung einer kleinen Gruppe von Studierenden, um die Studienergebnisse zu verbessern, Studiergewohnheiten zu entwickeln, die Reflexionstätigkeit und die Fähigkeiten zur Bewältigung der universitären Verpflichtungen zu fördern.

In diesem Handbuch wird davon ausgegangen, dass das Tutorium durch studentische Tutoren das Ziel hat, die fachlichen Inhalte zu vertiefen und Fähigkeiten zum effektiven Studieren sowie praktische Fertigkeiten zu entwickeln, die dem Studierenden helfen, die Inhalte der universitären Disziplinen, die vom Dozenten im Unterricht vorgestellt werden, zu verstehen, zu vertiefen und anzuwenden. Darum sollte der Tutor bzw. die Tutorin sich bemühen, das Entwicklungsniveau der Studierenden zu erkennen, um jedem die notwendige Unterstützung geben zu können. Dazu können auch individuelle Beratungstreffen anberaumt werden.

Neben den hier diskutierten Tutorien gibt es auch Mentorensysteme. Ein Mentor wird verstanden als persönlicher Ansprechpartner und Begleiter in einer wichtigen Etappe des Studiums.

Eine weitere Form der Hilfe ist das virtuelle Tutorium, bei dem eine Fernbetreuung der Studierenden durch Tutoren übernommen wird.

Feldmann (1981, 2002) nennt einige Vorteile der Tutorien wie:
- Tutorien können die Lernmotivation der Studierenden verbessern und zu aktiver Studiengestaltung beitragen, da sie sich beim Austausch mit Kommilitonen freier fühlen und mehr Vertrauen haben, ihre Ideen ohne Angst, Fehler zu machen, auszudrücken.
- Sie können eine Veränderung der Sozialisierung und Kommunikation im Bildungsumfeld einleiten.
- Tutorien können zur Entwicklung des Selbstbewusstseins beitragen und die Identität der Studierenden stärken.
- Sie sind für eine Universität kostengünstig, da die eigenen Studierenden das Tutorium durchführen. In Deutschland ist dies ein häufiger Anlass zu Kritik. Die „Massenuniversität" hat dazu geführt, dass wenige Dozenten für viele Studierende zur Verfügung stehen und die Tutoren und Tutorinnen diese Lücke schließen müssen. Meist sind sie auf diese Tätigkeit nicht vorbereitet. Deshalb soll dieses Handbuch wenigstens eine kleine Unterstützung für diese Gruppe von Tutoren sein.

2 ZUR FUNKTION EINES TUTORIUMS

> Als Tutor/in wirst du dich fragen:
> Kann ich den Anforderungen gerecht werden? Wie werden die Studierenden sein? Welche Probleme werden mich erwarten? Wie werde ich mit Unsicherheiten umgehen?

Du hast es im Tutorium mit einer Gruppe junger Erwachsener zu tun, die sich wünschen, dass du sie anhörst, sie verstehst, dass sie dir vertrauen können. Und du willst ihnen bei der Aneignung der Materie deines Faches, das du selbst erfolgreich studierst bzw. studiert hast, helfen.

> Welche Erfahrungen hast du bzw. machst du?
>
> Welche akademischen Bedürfnisse erkennst du bei den Studierenden? Was ist in deiner Gruppe notwendig, um das Wissen zu vertiefen und Fähigkeiten zum effektiven Studieren zu entwickeln? Was davon sind deine Aufgaben als Tutor/in, was aber auch nicht?

Auf Grund bisheriger Erfahrungen wird davon ausgegangen, dass die Arbeit in einem Tutorium einen spezifischen Beitrag zum Lernen an der Universität leisten kann, z.B. um die Zufriedenheit der Studierenden zu steigern, die Abbrecherquoten zu reduzieren, die akademischen Leistungen zu verbessern und einige Aspekte der persönlichen und sozialen Entwicklung in den Ausbildungsprozess einzubeziehen (Alvarez 2002).

Im Folgenden werden wir dir einen Fragebogen vorstellen, mit dessen Hilfe du den Grad deiner Zustimmung oder Ablehnung hinsichtlich einer Reihe von Aufgaben und Rollen im Rahmen eines Tutoriums feststellen kannst. Lies dir die Aussagen durch und entscheide, ob du ihnen zustimmst. Du hast vier Möglichkeiten: das erste Kästchen links bedeutet, dass du mit dieser Aussage voll einverstanden bist, das zweite, dass du ziemlich einverstanden bist, das dritte, dass du wenig einverstanden bist, und das vierte, dass du nicht einverstanden bist.

	sehr einverstanden			gar nicht einverstanden
▪ Ein Tutor sollte den Studierenden bei der Ausarbeitung ihres akademischen und beruflichen Plans helfen.	☐	☐	☐	☐
▪ Die Hauptaufgabe eines Tutors besteht darin, den Studierenden die notwendigen Informationen über die Universität und den Studienablauf zu geben.	☐	☐	☐	☐
▪ Ein Tutor widmet den Studierenden viel Aufmerksamkeit in Bereichen der persönlichen Entwicklung.	☐	☐	☐	☐
▪ Ein Tutor berät die Studierenden in Fragen des Studierverhaltens und der Arbeitstechniken.				
▪ Ein Tutor hilft bei der Planung des Studienverlaufs im Sinne der Interessen, Möglichkeiten und Erwartungen der Studierenden.	☐	☐	☐	☐
▪ Ein Tutor fördert die Selbsterkenntnis und das Selbstbewusstsein der Studierenden sowie die Entwicklung sozialer Fertigkeiten und der Entscheidungsfindung.	☐	☐	☐	☐
	☐	☐	☐	☐

(Quelle: Rodríguez 2000, S.53)

Die Funktion eines Tutors bzw. einer Tutorin besteht darin, die Dozentin/den Dozenten in der Lehre zu unterstützen.. Ebenso wie die diese gehst du von der Erkenntnis aus, dass das, was im Kurs gelehrt und an Wissen vermittelt wird, nicht nur angeeignet werden soll, sondern auch Interesse an der Wissenschaft wecken soll. In jeder pädagogischen Interaktion – also auch im Tutorium – ist der Sachaspekt nicht von dem Beziehungsaspekt zu trennen (vgl. Kapitel 4.1.), d.h. Respekt und Achtung dem Lernenden gegenüber schafft erst die Grundlage für einen erfolgreichen Lehr-Lern-Prozess.

Wir verstehen den Lehr- und Lernprozess an der Universität so, dass er über die reine Wissensvermittlung hinausgehen sollte und in besonderer Weise Fähigkeiten zum selbständigen Wissenserwerb und zum wissenschaftlichen Arbeiten entwickeln hilft. Bei diesen Kompetenzen handelt es sich um solche, die das Studieren betreffen (Interesse am Lernen, Lernhaltungen und Lernstrategien, Fähigkeiten zur Auseinandersetzung mit der Literatur, Kreativität etc.), aber auch um solche, die die persönliche und soziale Entwicklung des Einzelnen betreffen. Denn die Studienzeit ist eine wichtige Etappe im Lebenslauf der jungen Menschen. Goethe hat einmal formuliert, dass diese „Lehr- und Wanderjahre" viele „Spuren" hinterlassen, die sich vor allem aus den Diskussionen mit Kommilitonen und Professoren, aus den vielen neuen Eindrücken und dem universitären Leben überhaupt ergeben. Das sind zum Beispiel Allgemeinbildung, Wertschätzung des Wissens, kritisches Denken, konzeptionelle Klarheit, Ausdrucksfähigkeit, Diskussionsfreude, Autonomie, Respekt, Solidarität u.a.. Der spezifische Beitrag, den Tutorien im universitären Bildungsprozess leisten, besteht darin, auch jenen, die zunächst noch unsicher sind und sich nur schwer an diese neuen Anforderungen gewöhnen können, Mut zu machen und ihnen konkrete individuelle Hilfe anzubieten, damit die Zufriedenheit mit ihrem Studium wächst. Das kann insgesamt zur Reduzierung der Abbrecherquoten und zur Verbesserung der akademischen Leistungen beitragen und so die akademische Ausbildung mit der persönlichen und sozialen Entwicklung verbinden.

Zusammenfassend können folgende Funktionen von Tutorien benannt werden:

- Einführung in die Universität und das universitäre Umfeld mit dem Ziel einer problemlosen Bewältigung der neuen Anforderungen, d.h. dass im Unterschied zu den schulischen Bildungsabläufen die Freiheiten der Universität erkannt und genutzt werden können.
- Befähigung zur Reflexion über die eigenen Motive für die Studienwahl und zur Übernahme von Verpflichtungen bezüglich der Studierhaltung und der Beharrlichkeit, Ausdauer und Zielgerichtetheit im Studium.
- Beratung der Studierenden im Prozess ihrer akademischen Entwicklung,
- Entdecken und Verbessern, Erproben und Üben von Lerntechniken und –strategien.

Neben diesen Funktionen aus einer weiten Perspektive gibt es aber spezifische Aufgaben, für die Tutoren gegenwärtig unersetzbar sind:

- Herstellen und Gewährleisten von Kommunikationsbedingungen, die den Studierenden eine bessere Selbstwahrnehmung ermöglichen und das Gefühl der Eigenverantwortlichkeit – zum Beispiel für notwendige Entscheidungen – entwickeln helfen.
- Lenkung und Verbesserung der Studiergewohnheiten und –strategien der Studierenden durch Unterstützung individualisierter Lernprozesse in kleinen Gruppen.
- Anregung zu Engagement für das Lernen, Förderung der Lernautonomie und Übernahme von Verantwortung für die Studienaufgaben.
- Beratung in beruflichen Fragen und Bereitstellung von institutionellen Hilfen und Dienstleistungen, welche für die persönliche Entwicklung des Studierenden angebracht sind. Das heißt, du als Tutor/in solltest den Bedarf in deiner Gruppe ermitteln und Anlaufstellen für die Studierenden, wo diese die nötige Hilfestellung bekommen können, kennen. In den meisten deutschen Universitäten gibt es Beratungsstellen in der Universität, häufig kann auch das Studentenwerk weiterhelfen.

Es ist euch sicherlich deutlich geworden, dass die Funktionen eines Tutoriums recht vielfältig sind und eine umfassende Perspektive ermöglichen. Häufig ist das Tutoren und Tutorinnen gar nicht bewusst. Aber gerade durch die Nähe zu den Studierenden – ihr kennt die Universität eben auch aus der Studentensicht – werdet ihr sicherlich viel eher als Dozenten Ansprechpartner für die Studierenden sein. Durch die Arbeit mit kleinen Gruppen ist es auch leichter, sich auf die spezifischen Probleme des Einzelnen einzustellen.

Das wirft aber auch die Frage auf, welche Unterstützung die Tutoren und Tutorinnen selbst bekommen bzw. benötigen. Eine wichtige Bedingung ist die enge Zusammenarbeit mit den Dozenten und die Anleitung durch die Dozenten. Es ist daher unbedingt notwendig, in Zukunft – wenn Tutorien noch mehr Bedeutung im universitären Bildungssystem bekommen – die Verantwortung der Universität gegenüber den als Tutoren tätigen Studierenden ernst zu nehmen, sie zum Beispiel gut auf diese Aufgabe vorzubereiten.

Tutorien haben auch eine präventive Funktion, weil sie jenen Studierenden, die mit unzureichenden Voraussetzungen in die Hochschule eintreten, von Anfang an Beratung und Begleitung anbieten können und die Lücken so schneller schließen helfen. Sie können dazu beitragen, sich nicht aufzugeben, sich mit Hilfe der Tutoren und der Gruppe „durchzukämpfen". Tutorien können aber auch in schwierigen Phasen des Studiums, z. B. der Abschlussphase, wichtig sein.

Tutorien haben die Möglichkeit, die persönlichen Ressourcen oder auch Defizite bewusst werden zu lassen. Das Entwerfen konkreter Handlungspläne, die neue Erfahrungen ermöglichen und deren Weiterentwicklung begünstigen, kann an den unterschiedlichsten Inhalten geübt werden.
Wir können uns vorstellen, dass die Anforderungen, die in den Tutorien an euch gestellt werden, nicht immer leicht zu erfüllen sind. Ihr müsst darum in einem ständigen Gedanken- und Erfahrungsaustausch mit eurem Dozenten/eurer Dozentin bleiben. Übrigens: Wenn wir hier von Tutorien sprechen, dann meinen wir wirklich kleine Gruppen (bis zu 15 Personen) Alles andere sind *keine* Tutorien.

3 ANFORDERUNGSPROFIL (Lima)

Welche der folgenden Merkmale sind deiner Meinung nach wichtig, um sich als Tutor/in bewerben zu können?
Welches sind die Eigenschaften, die man sich auch noch als Tutor/in durch eine gute persönliche Vorbereitung aneignen kann?

Markiere mit einem Kreuz deine Antworten

Merkmale	Wichtig, um sich als Tutor/in bewerben zu können	Durch gute Vorbereitung anzueignen
Gutes akademisches Niveau		
Fähigkeiten zum Forschen		
Fähigkeiten zur wissenschaftlichen Arbeit		
Kommunikative Fähigkeiten und Empathie im Umgang mit den Studierenden		
Beratungsfähigkeiten		
Psychologische Kenntnisse		
Pädagogische Kenntnisse		
Kreativität		
Didaktische Kenntnisse		
Methodische Fähigkeiten		
Kenntnis des Studienplans		
Kenntnis des Prüfungsplans		
Kenntnisse über Studiertechniken und –strategien		
Wissen über institutionelle Anlaufstellen		

Schauen wir uns die in der Tabelle benannten Merkmale einmal etwas genauer, um zu diskutieren, was einen Tutor bzw. eine Tutorin auszeichnen sollte. Ihr könnt dabei auch über euch selbst reflektieren. Evtl. haben wir auch in unserer Aufzählung etwas Wichtiges vergessen.

Gutes akademisches Niveau
Diese Voraussetzung haben sicherlich alle von euch als notwendig angekreuzt. Die Beherrschung der Wissenschaft, die ihr als Tutor/als Tutorin vertreten wollt, ist wichtig, denn nur so könnt ihr anderen beim Studieren eines Faches helfen und sie motivieren, sich auch dieses Wissen anzueignen.

Das akademische Niveau erweist sich als entscheidende Bedingung, um den Lehr- und Lernprozess effizient zu gestalten und die Schwierigkeiten der Studierenden festzustellen. Nur ein Tutor mit gutem akademischen Niveau ist in der Lage, die Studierenden während ihrer Ausbildung zu begleiten, deren Lernprozesse zu analysieren, zu lenken und zu organisieren sowie deren kreative Fähigkeiten und Leistungen zu fördern.

Fähigkeiten zum Forschen und wissenschaftlichen Arbeiten

Bedenkt man die beschleunigte technologische Entwicklung und die in der modernen Gesellschaft ständig komplexer werdenden Probleme, müsste eigentlich jeder Berufstätige ein Forscher auf seinem Gebiet sein. Jeder müsste innovativ tätig sein und die Probleme seines Lebens kreativ zu meistern versuchen.

Du solltest in deinem bisherigen Studium Erfahrungen in der Forschung gemacht haben. Deine kreativen Fähigkeiten werden in der Tätigkeit als Tutor gefordert sein, denn du wirst flexibel mit den Besonderheiten der Studierenden umgehen müssen, wirst nach neuen Lösungen suchen und spezifische Aufgaben finden und den Studierenden stellen. Vor allem bei praktischen Übungen wirst du Aktivitäten mit Forschungscharakter organisieren müssen.

Außerdem sollst du durch dein eigenes Beispiel die Studierenden für Forschung begeistern. Fähigkeiten zum wissenschaftlichen Arbeiten solltest du während deines Studiums schon erworben haben.

Kommunikative Fähigkeiten und Empathie

Der Lern-Lehr-Prozess ist meist ein Kommunikationsprozess zwischen Lehrenden und Lernenden. Du als Tutor/in bist in einer ähnlichen Situation wie ein Dozent/eine Dozentin, weil du für die Studierenden im Rahmen des Tutoriums die Person mit „Expertenwissen" bist. Du hast es normalerweise in der Hand, wie die Kommunikation verlaufen wird. Du bestimmst die Kommunikationsmittel und die Kommunikationsinhalte, was dir nur dann gut gelingt, wenn du die nötigen Kommunikationsfähigkeiten besitzt. Dazu gehören neben einer klaren und verständlichen Ausdrucksweise die Sensibilität für die Reaktionen der Gruppe bzw. einzelner Teilnehmer.

Du solltest empathisch sein und den Studierenden zuhören können. Sie werden dir ihre Probleme nur mitteilen und sich von dir beraten lassen, wenn du eine vertrauensvolle Beziehung aufbauen kannst.
Wenn du in der Lage bist, dich einzulassen auf den emotionalen Zustand der Teilnehmer, ihre Probleme und individuellen Besonderheiten und wenn du eine optimistische und angstfreie Atmosphäre schaffst (was in einem Tutorium viel einfacher ist als in der Veranstaltung deines Dozenten), dann können die Teilnehmer sich frei ausdrücken, Fragen stellen, Zweifel klären, Hilfe einfordern und sich mit anderen Studierenden austauschen.

Beratungsfähigkeiten

Es gibt in der modernen Pädagogik auch die Auffassung, dass Pädagogik eine Beratungswissenschaft ist (z.B. Huschke-Rhein 1998). Das heißt, dass es eigentlich keine Instruktion an sich gibt, sondern dass jede pädagogische Maßnahme immer nur ein Vorschlag, ein Impuls, eine Anregung für die Lernenden sein kann, eine „Hilfe zur Selbsthilfe". Nur die Lernenden selbst können diese angebotene Hilfe umsetzen, wobei diese Umsetzung von den individullen Fähigkeiten, der Motivation, den Lernstilen usw. abhängt. Für das Tutorium erscheint uns diese Ansicht äußerst hilfreich, weil sie euch als Tutoren entlastet. Beratungsfähigkeiten sind deshalb eine wichtige Voraussetzung für das Gelingen des Tutoriums. Dazu zählen wir all das, was im Kapitel Kommunikation erläutert wird.

Psychologische und pädagogische Kenntniss
Es reicht u.E. nicht aus, auf die normale Menschenkenntnis zurückzugreifen. Psychologische und pädagogische Kompetenzen sollten in einem Qualifizierungskurs erworben werden. Falls diese Möglichkeit an deiner Universität nicht besteht, solltest du das zumindest anregen.

Kreativität
Der Umgang mit den individuellen Besonderheiten, den unterschiedlichen fachlichen Voraussetzungen, mehr oder weniger ausgebildeten Lernstrategien und -techniken sowie den vielfältigen Möglichkeiten von Erwartungen, Motiven und Lernhaltungen der Studierenden, die an deinem Tutorium teilnehmen, erfordert Kreativität. Das schließt ein Flexibilität, Ideenreichtum und Anpassungsfähigkeit.

Didaktische Kenntnisse und methodische Fähigkeiten
Da Tutoren meist Studierende höherer Semester sind, haben sie in den meisten Fällen diese Kenntnisse und Fähigkeiten bereits erworben. Ihr könnt euch aber auch in diesem Handbuch Anregungen holen.

Kenntnis der Studien-und Prüfungspläne
Das Wissen über die Studien- und Prüfungsordnung deiner Universität erlaubt es dir, deinen Teilnehmern Erklärungen anzubieten, diese in ihrer Entscheidungsfindung bezüglich der Wahlfächer und Forschungsrichtungen zu orientieren. Dieses Wissen kannst du dir aber während deiner Tätigkeit als Tutor aneignen und vertiefen.

Kenntnisse über Studiertechniken und -strategien
Diese Kenntnisse sind essentiell für eine gute Arbeit im Tutorium. Denn wenn du deinen Teilnehmern helfen willst, ein effizientes Studium durchzuführen, ist es notwendig, dass sie wissen, welche Techniken zum Literaturstudium notwendig sind, welche zum Anfertigen von schriftlichen Arbeiten oder mündlichen Präsentationen. Du solltest mit ihnen Strategien üben können, die ein effizientes Studium ermöglichen und die Kommunikation in der Gruppe fördern helfen..

Wissen über institutionelle Anlaufstellen
Wenn du Kenntnisse über die Universität und die wichtigsten universitären Anlaufstellen hast, kannst du, wenn Beratung vonnöten ist, den Studierenden raten, sich dort Hilfe zu holen. Das betrifft Situationen, in denen du überfordert wärest, wie zum Beispiel:
- Anhaltende Probleme bei der Eingewöhnung in das universitäre Leben,
- Prüfungsangst,
- Konflikte im persönlichen Leben oder im Zusammenleben mit den anderen Studierenden (z.B. in einer Wohngemeinschaft),
- Notwendigkeit einer medizinischen oder psychologischen Behandlung,
- Hilfe bei einer sinnvollen Freizeitgestaltung, z.B. durch die Wahrnehmung und Inanspruchnahme des universitären Angebots von sportlichen, kulturellen oder anderen Entspannungsoptionen.

Zum Abschluss dieses Kapitels denke noch einmal über die Anforderungen, die wir hier diskutiert haben, nach. Wir wollten dir natürlich nicht den Mut nehmen, als Tutor/in zu arbeiten. Bestimmt kannst du einige dieser Anforderungen schon recht gut erfüllen, andere musst du vielleicht noch erwerben. Dazu wäre eine eigens für Tutoren angebotene Qualifizierung wünschenswert. Im letzen Kapitel kannst du so ein Beispiel von der Universität Göttingen nachlesen.

1. Stell dir vor, du müsstest mithelfen, eine Person als Tutor/in auszuwählen und die im Folgenden dargestellten Profile sollten dir bei der Entscheidung helfen. Welches würdest du wählen?

Profil A:
Eine Studierende mit durchschnittlichen Noten aus dem letzten Jahr, welche sich als studentische Leiterin hervorgetan hat, indem sie sehr kooperativ war und die Interessen der Studierenden vertreten hat.

Profil B:
Eine Studierende mit sehr guten Ergebnissen, die Interesse an Forschungsaktivitäten hat und sich durch die Kommunikation über persönliche und berufliche Belange ausgezeichnet hat.

Profil C:
Eine Studierende, die immer gute Noten erhält und bereits prämierte Forschungsaktivitäten in studentischen Veranstaltungen aufweisen kann, wenngleich es ihr schwer fällt, ihr Wissen mit anderen zu teilen.

2. Wenn du ein Profil ausgewählt hast, dann denke darüber nach:

Welche Eigenschaften besitzt du?	Was wäre dir außerdem noch wichtig?

4 VORBEREITUNG UND DURCHFÜHRUNG EINES TUTORIUMS

In diesem Kapitel sollen die wesentlichen Aspekte der Vorbereitung auf die Tutorentätigkeit behandelt werden.

Um die Sitzungen erfolgreich vorbereiten und durchführen zu können, ist eine gelungene Interaktion und Kommunikation zwischen dir und den Studierenden, die am Tutorium teilnehmen, notwendig. Darum soll zunächst die Frage beantwortet werden: Was kannst du tun, um eine effektive Kommunikation mit den Teilnehmern zu erreichen?

Der Tutor/die Tutorin muss auch etwas wissen über Möglichkeiten, um den Lehr-Lern-Prozess zu lenken und die Aktivitäten der Studierenden zu initiieren, zu lenken und zu bewerten. Es soll die Frage beantwortet werden: Wie kann das Tutorium so vorbereitet und gestaltet werden, dass ein hoher Lernerfolg bzw. Übungseffekt gesichert ist?

Außerdem ist es wichtig, dass du geeignete Strategien und Techniken kennen lernst und sie in deinen Sitzungen anwenden kannst. Das soll dir helfen, den Lernprozess auch aus didaktisch-methodischer Sicht sinnvoll zu planen und die jeweilige Sitzung abwechslungsreich und effektiv gestalten zu können. du kannst diese Techniken auch mit den Studierenden üben, damit sie diese in ihrem Studium sinnvoll einsetzen können.

4.1 Kommunikation (Göttingen)

Tutorinnen und Tutoren sollen Wissen vermitteln, motivieren, Studenten zur aktiven Mitarbeit anregen und im Gruppenprozess fördernd und unterstützend wirken.

Wesentliche Grundlage dieser Vielfalt an Aufgaben ist das Verständnis der „richtigen" Kommunikation, die über den wissenschaftlichen Aspekt hinaus vor allem von zwischen-menschlicher Seite betrachtet werden muss.

> Was verstehst du unter Kommunikation?
> Schreibe alles auf, was du darüber weißt.

Im Jahre 1949 entwarfen die amerikanischen Informationstheoretiker Shannon und Weaver ein Modell der interpersonalen Kommunikation.

Das Wichtigste an diesem Modell ist, dass Sender und Empfänger über den gleichen Code verfügen müssen, um zu kommunizieren und sich zu verstehen.

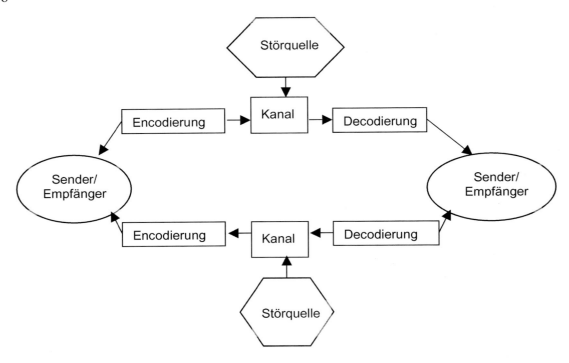

Die Theorie von Shannon und Weaver (1949)

In den später entwickelten psychologischen Kommunikationsmodellen (z.B. Watzlawick u.a. 1969) stehen die soziale Situation, in der kommuniziert wird, und die Interaktion der Kommunikationspartner im Mittelpunkt des Interesses. Denn nach Watzlawick kann man nicht *nicht* kommunizieren. Jedes Verhalten hat Mitteilungscharakter, ist demnach Kommunikation. Da es Nichtverhalten nicht gibt, ist es auch unmöglich, nicht zu kommunizieren. Auch wenn Sender und Empfänger nicht den gleichen Code haben, auch wenn die codierte Nachricht nicht vollständig decodiert werden kann (weil du zum Beispiel nicht chinesisch verstehst), wirst du dich in irgendeiner Weise in dieser Situation *verhalten* (also kommunizieren).

> Erinnere dich an eine Vorlesung oder ein Seminar, wo du diese Situation erlebt hast. Der Dozent hat etwas vermittelt und du hast den Inhalt nicht verstanden. Was hast du getan? Wie verlief die Kommunikation?

Ob Kommunikation gelingen kann, hängt davon ab, welche Bedeutung die Kommunikationspartner der Nachricht geben. Das *Medium* von Kommunikation ist meistens die Sprache.

Lies den folgenden Witz und überlege oder diskutiere mit den anderen darüber, was er über die Besonderheit von Kommunikation aussagt.

Drei Handlungsreisende fahren oft zusammen die gleiche Strecke. Sie haben sich schon alle Witze erzählt, die sie kennen. Es braucht nur einer den Mund zu öffnen, schon winken die anderen ab: „Kennen wir schon!" Schließlich verfallen sie auf die Idee, alle Witze aufzuschreiben und zu nummerieren. Nun braucht nur ab und zu einer den anderen eine Nummer zuzurufen, um sie zum Lachen zu bringen. Unterwegs steigt ein neuer Reisender zu. Verwundert hört er sich das unverständliche Spiel eine Weile mit an, schließlich bittet er darum, eingeweiht zu werden und mitmachen zu dürfen. Nachdem er die Witzliste studiert hat, ruft er plötzlich: „Zweiunddreißig!" Niemand lacht. „Was ist denn los?" wundert er sich. „Das ist doch ein erstklassiger Witz." „Ja, schon", geben die anderen zu, „aber man muss ihn erzählen können." Nach einer Weile ruft einer: „Achtundneunzig!" Brüllendes Gelächter. „Versteh ich nicht", meint der Neue, „der steht doch gar nicht auf der Liste drauf." „Eben. Den kannten wir auch noch nicht."

| Welcher Code wurde in dieser Kommunikation benutzt? Welche Art von Kommunikation hatte sich unter den Reisenden entwickelt? | **?** |

Friedemann Schulz von Thun (1990) hat das Kommunikationsmodell von Watzlawick weiter entwickelt. Da es sich besonders gut für die Anwendung auf die Situation im Tutorium eignet, soll es im folgenden vorgestellt werden.

4.1.1 Das Kommunikationsmodell von Friedemann Schulz von Thun

Dieses Modell besteht im Wesentlichen aus folgenden Aussagen:

Bei jeder zwischenmenschlichen Kommunikation gibt es zumindest einen Sender (z.B. Tutor) und einen Empfänger (z.B. Student). In der Lehr-Lern-Konstellation hat der Sender es meist mit mehreren Empfängern gleichzeitig zu tun. Kommunikation ist immer wechselseitig, d.h. dass die beteiligten Personen wechselseitig Sender und Empfänger sind.

Die Nachricht, die vom Sender ausgeht und an einen oder mehrere Empfänger gerichtet ist, ist mehrdimensional, sprachlich codiert und emotional gefärbt. Sie muss vom Empfänger decodiert und „richtig" verstanden werden.

Nach Schulz von Thun können bei jeder Nachricht vier Aspekte unterschieden werden:
- ein Sachaspekt
- ein Beziehungsaspekt
- ein Selbstoffenbarungsaspekt und
- ein Appellaspekt.

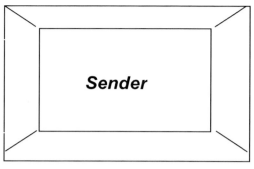

Sachinhalt
Worüber ich informiere

Selbstoffenbarung
Was ich von mir selbst kundgebe

Sender

Appell
Wozu ich dich veranlassen möchte

Beziehung
Du-Botschaft: Was ich von dir halte
Wir-Botschaft: Wie wir zueinander stehen

Das Nachrichtenquadrat kann gut veranschaulichen, wie kompliziert der Kommunikationsprozess ist und wie leicht Kommunikationsstörungen entstehen können, weil

- in dieser Komplexität vielerlei Missverständnisse entstehen können,
- beim Austausch von Mitteilungen immer alle vier Seiten beteiligt sind,
- sowohl beim Sender als auch beim Empfänger die Codierungs- und Decodierungsprozesse unter Beteiligung der vier Seiten einer Nachricht ablaufen.

Der vierohrige Empfänger

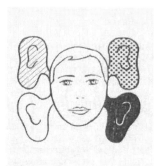

Selbstoffenbarungs-Ohr
Was ist das für eine?

Appell-Ohr
Was will sie von mir?

Sach-Ohr
Wie ist das zu verstehen?

Beziehungs-Ohr
Du-Botschaft: So eine bin ich also?
Wir-Botschaft: So stehen wir zueinander?

Quelle: Schulz von Thun 1990, S. 45

Stell dir folgende Situation vor:

Du beginnst deine erste Tutoriumssitzung, stellst dich vor und bittest um einige Äußerungen zu den Erwartungen an die Veranstaltung. Ein Student sagt:

„Ich kann mir nicht vorstellen, wie das hier werden soll. du bist doch auch nur eine Studentin und weißt nicht viel mehr als wir. Was soll uns dieses Tutorium überhaupt nutzen? Ich finde, das ist schade um die Zeit."

> Beantworte folgende Fragen:
> Was will der Student eigentlich sagen? Was sagt er unter den vier Aspekten?
>
> Wie wird das Gesagte bei dir ankommen? Was hörst du mit dem Beziehungsohr, was mit dem Selbstoffenbarungsohr und was mit dem Appellohr?

Du kannst diese Übung auch mit den Kursteilnehmern durchführen, vor allem dann, wenn du das Gefühl hast, dass die Kommunikation schwierig ist. Nimm dir die Zeit, evtl. Störungen zu analysieren. Frage nach, höre genau hin und gib ein Feedback darüber, was du verstanden hast.

Als Tutor/Tutorin wirst du auch eine Vermittlerrolle zwischen Dozenten und Studenten haben und bei Kommunikationsstörungen helfend/erklärend/vermittelnd eingreifen müssen.

4.1.2 Gesprächsführung und Moderation

Die Tätigkeit als Tutor/als Tutorin verlangt neben den fachlichen Kompetenzen kommunikative Fähigkeiten. Dazu gehören:
- Gespräche in Gang setzen, steuern und analysieren,
- Diskussionen leiten,
- Gruppenarbeit anleiten,
- Ergebnisse erfassen, bewerten und
- den Studierenden Rückmeldungen geben.

Evtl. musst du auch helfen, Ängste abzubauen und Entscheidungen zu treffen. Oder du musst Orientierungen erleichtern und bei persönlichen Problemen beratend eingreifen.

Welche Kompetenzen besitzt du? Welche solltest du noch erwerben?

> Beobachte dich selbst! Was gelingt dir gut, wenn du mit deiner Gruppe arbeitest? Was fällt dir schwer? Worüber ärgerst du dich? Was tust du in schwierigen Situationen?

Im Folgenden werden Beispiele und Übungen angeboten, die dir bei den Gesprächen in der Gruppe und der Moderation des Tutoriums helfen können.

Gespräche in Gang setzen, steuern und analysieren

In dem Modell der klientenzentrierten Gesprächsführung von Rogers (1951) werden als wesentliche Voraussetzungen für eine gelingende Kommunikation drei Grundhaltungen des Beraters/der Beraterin genannt:
- Empathie,
- Akzeptanz und Wertschätzung,
- Echtheit.

Die Fähigkeit, empathisch, wertschätzend und kongruent miteinander zu kommunizieren, hat auch für pädagogische Situationen – wie zum Beispiel das Tutorium – Bedeutung.

Wenn du die Probleme deiner Kursteilnehmer verstehen willst und kannst, dann zeigst du Empathie, d.h. du kannst dich in die Gedanken und Gefühle anderer gut hineinversetzen. Da du selbst noch studierst oder dein Studium erst vor kurzem abgeschlossen hast, gelingt dir das sicherlich leichter als den Dozenten und Dozentinnen.

Auch die Wertschätzung der Leistungen der Gruppenmitglieder deines Kurses und dein kongruentes (der Situation und deinem persönlichen Zustand angemessenes) Verhalten sind wichtige Voraussetzungen für das Gelingen des Tutoriums. Die in der folgenden Tabelle aufgeführten Gesprächstechniken können dabei helfen.

Was	Wie	Warum
Aktiv zuhören	Blickkontakt, Kopfnicken, dem anderen zugewandte Körperhaltung, Aufmerksamkeit	Schafft gute Atmosphäre, motiviert, bringt Wertschätzung zum Ausdruck
Paraphrasieren	Inhalt mit eigenen Worten wiedergeben	Vermeidet Missverständnisse, steigert die Merkfähigkeit, erhöht die Aufmerksamkeit
Verbalisieren von Gefühlen	Die indirekt in der Äußerung vorhandenen Gefühle in Worte kleiden	Gesprächspartner fühlen sich verstanden, die Situation wird sachlicher
Feedback geben	Aktuell, konkret, positiv sich zu dem Gehörten und Verstandenen äußern	Zeigt Wertschätzung, schafft Vertrauen und macht Mut, dient kongruenter Kommunikation

Diese Techniken sind sinnvoll, wenn
- der Beitrag des Gesprächspartners viel Information enthält,
- die Fronten verhärtet sind,
- die Situation emotionsgeladen ist,
- du dich inhaltlich abgrenzen willst,
- du nicht gleich reagieren kannst und Zeit brauchst,
- du die Studenten motivieren willst,
- du die Gesprächsrichtung nicht vorwegnehmen willst.

Diskussion leiten und Gruppenarbeit anregen

Manchmal ist es schwierig, eine Diskussion zu einem bestimmten Sachverhalt in Gang zu setzen. Lies die folgenden Äußerungen von Tutoren/Tutorinnen durch und überlege, woran das liegen könnte.

> „Wenn ich eine Frage stelle, dann schauen viele nach unten und geben mir zu verstehen, dass sie dazu nichts sagen wollen oder können."
> „Es ist furchtbar, ich kriege einfach keine Antworten."
> „Es reden immer nur dieselben."
> „Ich bemühe mich so sehr, aber vor mir sitzt eine passive Gruppe."
> „Alles muss ich alleine machen."
> „Ich bereite mich wirklich gut vor, aber das hilft nichts."
> „Ich glaube, die können mich nicht leiden."

Wenn du die oben aufgeführten Gesprächstechniken einsetzt, dann wirst du sicherlich schon besser mit diesen Situationen klar kommen.

In pädagogischen Situationen wird häufig mit *Fragen* gearbeitet. Die Lehrenden versuchen, durch Fragen die Kommunikation in die von ihnen gewünschte Richtung zu lenken. Meist kommt aber keine befriedigende Diskussion zustande, weil die Fragen nur von den Lehrenden kommen. Die Lernenden, die eigentlich noch viele Fragen haben müssten, stellen selten Fragen, sondern haben meist nur die Aufgabe, die richtigen Antworten zu „finden". Das kann durchaus an der Art der Fragen und an deren Formulierung liegen.

Diskutiert: Wozu sind Fragen nützlich? Was kann damit erreicht werden? Belegt die im folgenden Kasten genannten Punkte mit Beispielen.

> **Was du durch Fragen erreichen kannst**
>
> - Informationen über das Wissen und die Fähigkeiten gewinnen
> - Argumente erfahren
> - Mitdenken herausfordern
> - Zeit gewinnen
> - Interesse und Teilnahme zeigen
> - Interaktion und Kommunikation fördern

Welche Arten von Fragen gibt es und wie hilfreich sind sie?

> Beobachte, welcher Art deine Fragen sind, du die in deinen Sitzungen meist stellst. Vergleiche mit der folgenden Tabelle!

Offene Fragen	**Geschlossene Fragen**
Informationsfrage Definitionsfrage Begründungsfrage	Alternativfrage Ja/Nein-Frage Bestätigungsfrage
Vorteile Du erhältst viel Information Die Antwortenden haben einen großen Spielraum **Nachteile** Du erfährst evtl. nicht das, was dich interessiert Du weißt nicht, was die Antwortenden eigentlich wissen oder wissen wollen	**Vorteile** Du bekommst klare, eindeutige Antworten Du weißt, was die Antwortenden wissen oder wissen wollen **Nachteile** Du erhältst wenig Information Die Antwortenden haben wenig Spielraum

Welche Arten von Fragen kennst du noch? Welche benutzt du? Sind es eher direkte Fragen („Findest du Tutorien wichtig?") oder indirekte Fragen („Welche Argumente sprechen deiner Meinung nach für die Wichtigkeit von Tutorien?")?

Moderationsmethoden

Mehr Sicherheit in der Leitung von Gruppen können dir Moderationsmethoden geben. Diese Methoden sind eine Art „Handwerkszeug", um auf verschiedene Anforderungen und Situationen kompetent reagieren zu können. Vor allem, wenn du das Gefühl hast, dass die Gruppe nicht sprechen will, solltest du dich dieser Techniken bedienen. Im Folgenden stellen wir einige Beispiele für die Gestaltung der Moderation vor.

a) Ein-Punkt-Frage

Diese Technik ist geeignet, um die Meinung der Studenten zu einem Sachverhalt zu erfahren. Wenn du zum Beispiel wissen möchtest, wie die Studenten die Wichtigkeit des von dir geleiteten Tutoriums einschätzen, dann stelle diese Frage und lasse an einem vorbereiteten Poster jeden Teilnehmer eine Einschätzung durch Vergabe eines Punktes machen.

Das Tutorium ist meiner Meinung nach				
sehr wichtig	wichtig	zum Teil wichtig	kaum wichtig	nicht wichtig

b) Zuruf-Technik

Es handelt sich hierbei um die Beantwortung offener Fragen. Die Zuruf-Technik eignet sich, wenn
- die Frage nicht allzu langes Nachdenken erfordert,
- eine gegenseitige Anregung der Teilnehmer gewünscht wird,
- der Vertrauensgrad in der Gruppe Anonymität nicht erforderlich macht.

Zur Durchführung: Visualisiere die Frage auf einem Plakat mit einer vorbereiteten Liste (s. folgendes Beispiel).

Frage: „Was erwartest du von diesem Tutorium?"

1.	8.
2.	9.
3.	usw.
4.	
5.	
6.	
7.	

Im Anschluss kannst du alle genannten Erwartungen, Ideen, Themen usw. noch gewichten lassen. Die Studenten dürfen Punkte vergeben (jeder hat zum Beispiel drei Punkte zur Verfügung, die er bei den Aussagen, die er für wichtig hält, anbringen kann). Das könnte dann wie folgt aussehen:

1. Klären von Fragen • • • •	8. neue Freunde • •
2. Gedankenaustausch • •	9. usw.
3. nette Gespräche • •	
4. neue Erkenntnisse • • •	
5. noch mehr Aufgaben •	
6. Orientierung •	
7. Stress • • • • • •	

c) Arbeiten mit Moderationskarten

Der Vorteil dieser Technik ist die Anonymität. Die Studenten schreiben ihre Antworten auf Karteikarten (pro Antwort eine Karte), diese Karten werden dann an einem Poster angebracht und gemeinsam sortiert und geordnet. Bei dieser Technik kann auch sehr gut in Kleingruppen gearbeitet werden. Die Kartenabfrage eignet sich vor allem, um Probleme zu erfragen (Beispiel: „Welche Probleme hast du im Studium?"), aber auch, um Ideen und Lösungsansätze zu sammeln (Beispiel: „Was können wir tun, dass alle Studenten aktiv mitarbeiten?").

Eine abschließende Übung zum Thema „Moderation" findest du in dem folgenden Kasten. Sie ist geeignet für die Arbeit in einer Gruppe von Tutoren und Tutorinnen.[1]

> Um die Schlüsselqualifikationen zur Gesprächsführung zu erproben, simulieren die Teilnehmer eine Seminarsituation in folgender Weise: Zwei Teilnehmer/innen übernehmen die Tutorenrolle und bereiten innerhalb einer halben Stunde eine Sitzung vor, deren Inhalt ein – von den Teilnehmern gelesener – Text ist. Sie beginnen mit der Begrüßung und nehmen anschließend die Arbeit am Text mittels verschiedener Moderationsmethoden auf. Ebenso versuchen sie, die Gesprächsführungstechniken nach Rogers umzusetzen – was vielen in der Theorie einfach und nahezu banal erscheint, in der Praxis jedoch zunächst Schwierigkeiten bereitet. Nach der Sitzung erfolgt ein Feedback der Teilnehmer im Sinne konstruktiver Kritik. Auch die „Tutoren" beschreiben, wie sie persönlich sich und ihr Vorgehen empfunden haben.

4.1.3 Problembewältigung und Konfliktlösung

Es ist zu erwarten, dass die am Tutorium teilnehmenden Studierenden vor allem Hilfe bei Schwierigkeiten im Studienprozess und bei persönlichen Problemen erwarten. Die Tutoren und Tutorinnen sind bereits „erfahrene" Studenten und Studentinnen, sie haben ja immerhin das Studium so gut gemeistert, dass sie als Tutoren arbeiten können.

---

[1] Die Autoren vertreten den Standpunkt, dass Studenten und Studentinnen auf ihre Tätigkeit als Tutor bzw. Tutorin vorbereitet werden sollten. Vergleiche hierzu die Ausführungen in Kapitel 7.

Die Tutoren selbst werden mit erheblichen Problemen konfrontiert, auf die sie spontan reagieren müssen. Ein Problem, das zum Beispiel immer wieder genannt wird, beschreiben sie so: „Die Studierenden selbst haben keine Fragen, wenn ich etwas frage, schauen alle nach unten und keiner sagt was. Ich mühe mich ab, überlege mir immer neue Fragen, werde dabei immer unsicherer oder auch aggressiv. Schließlich stelle ich eine Aufgabe, und sie fangen mehr oder wenig unwillig damit an. Am Ende gehen alle unzufrieden nach Hause."

Andere häufig genannte Probleme sind:
- inhaltliche Überfrachtung,
- Teilnehmerschwund,
- störendes Verhalten der Teilnehmer,
- fehlende Akzeptanz,
- Angst vor Versagen.

> Welche Probleme oder Konflikte sind dir bisher in deiner Arbeit als Tutor/als Tutorin begegnet? **?**

Die Frage, die zu beantworten ist, heißt: Was sollte bzw. könnte der Tutor/die Tutorin in diesen Situationen tun, wie das Problem bewältigen?

Was ist ein Problem? Wann entsteht ein Konflikt?

Ein Problem entsteht immer dann, wenn es zu Diskrepanzen kommt zwischen
- Sollen und Sein
- Wollen und Sein
- Wollen und Können
- Sollen und Wollen usw.

Die Diskrepanz, die zwischen dem gegenwärtigen Zustand (nur wenige Studenten haben den Text gelesen) und dem angestrebten Zustand (alle sollten den Text gelesen haben) entsteht, wird von dir (vielleicht auch von einigen Studenten) als Konflikt erlebt.

Beim Konflikt handelt es sich um das Auftreten von Kollisionen und Kämpfen zwischen zwei oder mehreren Personen bzw. Gruppen, wenn Verhaltensweisen und Bedürfnisse in Gegensatz geraten oder wenn die Wertvorstellungen der Personen differieren.
Berkel (1995, S. 54) definiert den Konflikt so:

> „Von Konflikt soll dann – und nur dann – gesprochen werden, wenn (mindestens, meist aber auch nicht mehr als) zwei Inhalte oder Elemente in einer Beziehung stehen, die durch Gegensätzlichkeit oder Unvereinbarkeit oder Unverträglichkeit gekennzeichnet sind."

Was fühlst, denkst und tust du in solchen Situationen?

Ein Konflikt wird immer von Personen erlebt, dabei kann es durchaus so sein, dass du als Tutor einen Konflikt erlebst (z.B. weil die Studenten sehr unpünktlich sind), die Interaktionspartner (die Studenten) jedoch damit kein Problem haben und auch keinen Konflikt erleben.

Darum ist es wichtig, dass du dir darüber klar wirst, was dich eigentlich ärgert, warum du einen Konflikt erlebst und wie sich das bei dir äußert. Letzteres heißt, du musst beobachten, was du denkst und fühlst und vor allem, wie du reagierst.

Da Selbstbeobachtung schwierig ist, wäre es ratsam, das gemeinsam mit den anderen Tutoren zu tun oder in einer Selbsterfahrungsgruppe zu versuchen, mehr über sich selbst zu erfahren.

Welche Alternativen zu deiner Problembewältigung gibt es?

Zunächst reflektiere über deine eigenen Strategien. Wie gehst du mit Problemen um? Wie löst du Konflikte?

Folgende Übung wäre dazu geeignet:

Problem: „Der Text wurde nur von wenigen Studenten gelesen"	
Meine Reaktionen	Mögliche Alternativen

Eine andere Möglichkeit wäre, darüber zu reflektieren, welche Konsequenzen die problematische Situation für die Interaktion in der Gruppe hat. Das könntest du mit Hilfe der oben angeführten Moderationstechniken sicherlich relativ schnell herausfinden.

Hilfreich wäre außerdem eine Übung in Kleingruppen: die Gruppe sammelt zunächst problematische Situationen und wählt dann eine Situation für ein Rollenspiel aus. Es werden im Rollenspiel die häufig angewandten Lösungen gespielt. Dabei können unterschiedliche Bewältigungsstrategien eingesetzt werden. Es sollten aber unbedingt auch „neue" Lösungen erprobt werden.

Wie können Konflikte erkannt und verhindert werden?

Das Modell von Gordon (1995) ist ein gutes Beispiel für die Lösung von Problemen und Vermeidung von Konflikten. Gordon stellt in seinem Buch „Schüler-Lehrer-Konferenz" zunächst dar, wie in den meisten Fällen und vor allem in pädagogischen Situationen Probleme gelöst werden. Er nennt diese Vorgehensweise die *„Macht-Methode"* und meint, dass bei dieser Art von Lösung eine Konfliktseite der Verlierer ist.

Beispiel: Die Studenten sollten einen Text lesen. In der folgenden Stunde stellst du einige Fragen zu dem Text, aber nur wenige können antworten. Du vermutest, dass die anderen den Text nicht gelesen haben. Du bist verärgert und sagst: „Wenn ihr nicht mit mir reden wollt, dann muss ich euch bitten, jetzt einige Fragen schriftlich zu beantworten."

Mit dieser Reaktion nutzt du deine Machtposition und bestrafst die Studenten für die Nichterfüllung der Aufgabe. Du gehst dabei von der Vermutung aus, dass sie nicht mitarbeiten, weil sie den Text nicht gelesen haben und deshalb nicht antworten können. Du weißt aber nicht, ob das tatsächlich der Grund ist.

Die Anwendung der Macht-Methode ist oft mit folgenden Verhaltensweisen gekoppelt:
- Anordnen, Befehlen
- Ermahnen, Drohen, Warnen
- Zureden, Predigen, Moralisieren
- Vorschläge machen, Ratschläge bzw. Lösungen vorgeben
- Herabsetzende (diskriminierende) Botschaften senden, wie z.B. kritisieren, interpretieren, beschimpfen, verhöhnen, beschämen und belehren.

Auf Seiten der Verlierer kann die Macht-Methode folgende destruktive Auswirkungen haben:

- Rebellion, Trotz
- Vergeltungs- und Rachemaßnahmen
- Lügen, Heimlichtuerei´
- Verbergen und Verstellen von Gefühlen
- Beschuldigen anderer Personen
- Schummeln, Abschreiben, Betrügen
- Tyrannisieren und Schikanisieren anderer
- Schließen von Bündnissen, Cliquenbildung
- Fügsamkeit, Gehorsam, Unterwerfung
- Schmeicheln, um Gunst buhlen
- Konformismus, Vermeiden von Risiken, Mangel an Kreativität
- Rückzug, Flucht

In pädagogischen Situationen können sowohl die Lernenden als auch die Lehrenden die Verlierer in Konflikten, die mit der Macht-Methode „gelöst" werden, sein.

Gordon schlägt deshalb die niederlagelose Methode bei der Lösung von Problemen vor. Das Besondere daran ist, dass es keine Gewinner oder Verlierer gibt, keiner der Beteiligten also eine Niederlage erlebt.

Schau dir die Stufen dieser Methode genauer an und probiere das bei einem Problem, das du gern lösen möchtest, einmal aus.

Prozess-Stufen der Problemlösung
1. Definition des Problems
2. Sammlung aller möglichen Lösungen
3. Wertung der Lösungsvorschläge
4. Entscheidung für die beste Lösung
5. Absprache der Richtlinien für die Realisierung der Entscheidung
6. Erprobung dieser Lösung über einen bestimmten Zeitraum
7. Bewertung der Effektivität der Lösung
8. Evtl. Erprobung eines anderen Lösungsvorschlages

Vorteile dieser Art von Problemlösung sind:

- In der ersten Phase können die wirklichen Probleme enthüllt werden, Vermutungen erweisen sich häufig als falsch.
- Die gemeinsame Erarbeitung von Lösungsvorschlägen aktiviert kreatives Denken und bezieht die Erfahrungen aller in das Problem involvierten Beteiligten ein.
- Es gibt keine Verlierer und keine Gewinner sowie keine Schuldgefühle. Jeder Lösungsvorschlag – auch wenn er unrealisierbar zu sein scheint – wird in die Liste aufgenommen und in die Abstimmung einbezogen.
- Die Motivation zur Erprobung des Lösungsvorschlages ist hoch, weil er gemeinsam erarbeitet und die Auswahl gemeinsam entschieden wurde.
- Es kann auf Autoritäts- und Gewaltlösungen verzichtet werden.
- Bei der abschließenden Bewertung können die Gefühle und Gedanken aller Beteiligten zur Kenntnis genommen werden, der neue Soll-Ist-Zustand wird konkret wahrgenommen.

Dieser Problemlöseprozess kann auch in spezifischen Lern- und Bewertungssituationen angewandt werden, wenn zum Beispiel ein Student/eine Studentin in einer Prüfung trotz guter Vorbereitung schlecht abschneidet oder wenn er/sie eine Aufgabe, die im Tutorium gestellt wird, nicht bewältigen kann.

Die in diesem Kapitel diskutierten Inhalte zum Thema Kommunikation sollen dir bei der Vorbereitung auf deine Tätigkeit als Tutor/in helfen, können aber auch direkt bei den einzelnen Veranstaltungen nützlich sein. Im folgenden Kapitel wirst du noch wichtige Hinweise für die didaktisch-methodische Umsetzung der Inhalte deiner Veranstaltungen erhalten.

4.2 Organisation des Lernprozesses (Lima)

Ein Tutor/eine Tutorin sollte einige didaktische und methodische Kenntnisse darüber haben, wie das Lernen unterstützt werden kann. Deshalb werden in diesem Kapitel die Lernziele, die Motivation und die Lernstile der Studierenden diskutiert, und es werden Anregungen für die Nutzung unterschiedlicher Lernaktivitäten gegeben (vgl. Johnson et al. 1995, Pozo 1996, Roeders 1997, Zavala 1999).

Lernen ist eine unser Leben begleitende alltägliche Aktivität. Wir lernen sprechen, lesen und schreiben, lernen Menschen kennen, lernen Regeln und Gesetze, lernen Probleme zu lösen und Verhalten zu interpretieren. Lernen ist ein wesentliches Element unserer Existenz, denn wie wir uns als Person erfahren, hängt in gewissem Maß von unserer Lernfähigkeit ab.

Die Möglichkeit zu studieren eröffnet uns eine große Zahl neuer Erfahrungen, die Aneignung neuer Fähigkeiten und die Ausübung vielfältiger Aktivitäten in verschiedenen Situationen: im Seminar, mit Büchern, bei der Forschung, im Gespräch mit den Dozenten und den Kommilitonen.

> Denke über das folgende Zitat und deine Arbeit als Tutor/in nach:
>
> *„Das Hauptziel ... ist, Individuen zu schaffen, die fähig sind, etwas Neues zu machen und nicht nur einfach zu wiederholen, was frühere Generationen machten, kreative Individuen, die erfinderisch und entdeckerisch, kritisch und wahrheitsliebend sind und die nicht alles akzeptieren, was man ihnen anbietet."*
> *(Jean Piaget)*

4.2.1 Lernziele

Lernen und besonders Lernen an der Universität hat das Ziel,

- unabhängige und selbstverantwortliche Menschen mit einer starken Motivation herauszubilden,
- die neuen Informationen mit vorhandenen zu verknüpfen,
- die Studierenden konstruktiv anzuleiten, zu den in ihrem Fach vertretenen Theorien eigene Fragen zu formulieren,
- ein strukturiertes und organisiertes Wissenssystem herauszubilden.

Für die einzelne Sitzung deines Tutoriums musst du selbst konkrete Ziele formulieren. Das Problem der Förderung von Lernaktivitäten liegt darin, Lernsituationen zu schaffen, welche adäquat sind für die Erreichung der Ziele. In diesem Sinne soll die gewählte Methode den Zielen entsprechen und nicht umgekehrt. Insofern ist es wichtig, zunächst zu definieren, was gelernt werden soll.

Vor der Entscheidung darüber, was du in jeder Stunde machen wirst, frage dich, was du in dieser Sitzung erreichen möchtest. Erinnere dich daran, dass die Übung komplementär zu einer Lehrveranstaltung eines Dozenten/einer Dozentin ist – daher sollten die Ziele auf einer Sitzung mit ihm/ihr koordiniert werden.

Im Folgenden zeigen wir dir einige allgemeine Empfehlungen zur Formulierung von Zielen auf:

1. Nimm das Programm des Kurses oder der Disziplin und leite die Sitzungsziele ab.
2. Formuliere die Ziele im Hinblick auf den Lernerfolg, der für die Studierenden erreicht werden soll.
3. Berücksichtige, dass Ziele nicht nur auf Kenntnisaneignung gerichtet sind, sondern auch auf die Entwicklung von Fähigkeiten und Handlungsweisen.
4. Drücke sie klar und präzise aus.

> Wir schlagen dir nun vor, dass du die Ziele einer Sitzung unter Beachtung der vorherigen Empfehlungen formulierst.

4.2.2 Lernmotivation

> Bei der englischen Methode, einen perfekten Rasen zu erhalten, wird in folgenden Schritten vorgegangen:
>
> 1. den Boden vorbereiten,
> 2. alle beschädigten Wurzeln herausreißen,
> 3. die Samen säen,
> 4. den Dünger verteilen,
> 5. regelmäßig über 600 Jahre pflegen.
>
> Welcher dieser Schritte wäre der einfachste und welcher der schwierigste für dich? Warum? Wenn du an die Studierenden denkst: Was würden diese sagen?

Es ist wahrscheinlich, dass für manche die Vorbereitung des Bodens eine simple Aufgabe ist, für andere ist es eine komplizierte Aufgabe, die beschädigten Wurzeln herauszureißen (das heißt solche Aspekte auszuräumen, die für gewöhnlich die akademische Entwicklung behindern), während für wieder andere die Tatsache der Pflege über 600 Jahre eine Herausforderung darstellt (konstant und engagiert an den eigenen Aufgaben festzuhalten).

Für jeden Schritt ist Motivation unabdingbar, weil sie akademische Aktivitäten überhaupt erst anstößt, und auch dafür sorgt, dass sie immer wieder ausgeführt werden. Amaya (2003) zeigt, dass die Motivation durch die Wahrnehmung der Ergebnisse beeinflusst wird, die ein Studierender in Bezug auf seine Aktivitäten hat, und auch durch seine Handlungen, Interessen, Erwartungen und die Ziele, welche er sich in den verschiedenen Bereichen stellt.

Ein Motiv ist immer ein bewusster Beweggrund für das Handeln. Wer also ein Tutorium freiwillig besucht, hat dafür einen Grund oder auch mehrere. Wer es nicht freiwillig besucht, hat natürlich auch einen Grund. Das ist nur ein ganz anderer. Du kannst das gern in deiner Gruppe einmal diskutieren. Du wirst sehen, dass die Motive, die die Studierenden bewegen, am Tutorium teilzunehmen, sehr unterschiedlich sind.

> Frage die Studierenden: Was ist deine Motivation zum Verfolgen eines universitären Studiums? Welches sind die Motive und Erwartungen, die dich zur Teilnahme am Tutorium bewegen?

Vielleicht entdeckst du Motive mehr intrinsischer oder mehr extrinsischer Natur, am wichtigsten wäre, dass die Studierenden Motive entwickeln, die ihnen helfen, ihre eigenen Lernziele auch tatsächlich zu erreichen..

Die Motivation eines Studierenden wird gefördert, wenn dieser seinen Lernerfolg seinen intellektuellen Fähigkeiten oder seinen Bemühungen zuschreibt. Das gleiche ist der Fall, wenn er die Bedingungen für Misserfolge als kontrollierbar erachtet. Ungünstig für die Motivation ist es, wenn ein Studierender seine Ergebnisse vorwiegend extrinsischen Elementen zuschreibt, die er nicht kontrollieren kann (z.B. dem Glück, den Launen des Professors u.a.) oder wenn er die Gründe seines Scheiterns unkontrollierbaren internen Bedingungen zuschreibt („Ich bin zu dumm", „Ich konnte noch nie so schnell etwas verstehen").

Es wäre gut, wenn es dir gelingt, die Studierenden darin zu unterstützen, sowohl die akademischen Erfolge als auch die Misserfolge zu erklären und zu verstehen. So könnte vermieden werden, dass sie das Vertrauen in ihre Fähigkeiten verlieren oder ihr Selbstwertgefühl gemindert wird.

> Was kannst du tun, um die Motivation deiner Studierenden während des Tutoriums anzuregen oder zu stärken?

Um deine Ideen und Vorschläge zu vervollständigen, zeigen wir dir einige Alternativen auf:

- Entwickle Aufgaben, bei denen die Studierenden die Inhalte mit ihren persönlichen Erfahrungen aus ihrem aktuellen sozialen Kontext in Verbindung bringen können.
- Zeige ihnen reale Situationen auf, welche mit den zukünftigen beruflichen Entwicklungen zusammenhängen.
- Verwende oder konstruiere Situationen, die Diskrepanzen erzeugen und sie bei der Suche nach Lösungen unterstützen.
- Überlege dir Aufgaben und Übungen, die herausfordernd sind und in ihrem Schwierigkeitsgrad ihren Fähigkeiten entsprechen (nicht zu leicht, nicht zu schwierig).
- Empfiehl den Studierenden, sich mit Aktivitäten, welche auch ihrer persönlichen Entwicklung dienen, zu befassen und an Diskussionsgruppen über die behandelten Themen teilzunehmen.

4.2.3 Lernstile

Lernen ist eine ganz individuelle Handlung. Wenn du deine Gruppe bei einer Aufgabe beobachtest, wirst du sehen, dass jede/r seine eigene Art hat, mit dieser Aufgabe umzugehen. Allein der Beginn einer Lernaktivität kann schon unterschiedliche Lernstile verraten: Der eine überlegt lange, bevor er etwas schreibt, der andere legt sofort los, ein dritter fragt noch einmal und vergewissert sich, ob er die Aufgabe richtig verstanden hat.
Auch die Ergebnisse sind sehr unterschiedlich. Jede/r verwendet verschiedene Strategien und kommt so auf seine eigene Weise zum Erfolg. Diese Unterschiede lassen sich durch vorhergehende Lernerfahrungen, durch aktuelle Anforderungen im Umfeld oder affektive Aspekte erklären.

Es ist wahrscheinlich, dass sich im Seminarraum einige Studierende befinden, die dazu neigen, sich bei ihren Beiträgen auf spezifische Beispiele zu stützen, oder die mehr lernen, wenn sie mit ihren Kommilitonen arbeiten (konkrete Erfahrung). Andere versuchen, die Ideen und Situationen aus verschiedenen Perspektiven zu verstehen und berufen sich dabei auf ihre eigenen Gedanken und Gefühle, um später eine Meinung zu entwickeln (reflexive Beobachtung). Weiter gibt es solche, die der Logik folgen, sich rationaler Bewertungen und der Entwicklung von Ideen und Theorien zum Lösen von Aufgabenstellungen oder zum Verstehen von Situationen bedienen (abstrakte Konzeptualisierung). Schließlich zieht es eine andere Gruppe von Studierenden vor, sich in Aktivitäten wie Projekten, Hausarbeiten oder Gruppendiskussionen einzubringen, weil sie die aktive Erfahrung schätzen und Problemen gern auf praktische Weise begegnen möchten. Zudem ist es möglich, dass du Gruppen findest, die komplementäre Formen des Lernens anwenden: wenn beispielsweise ein Studierender die Korrelation von Variablen an Beispielen des täglichen Lebens erlernt und diese später anwendet, um die Relation zweier Variablen, z.B. die Summe der Investitionen im Bildungssektor und das Niveau der Schulabschlüsse in verschiedenen Städten, zu berechnen.

Es ist für den Lernerfolg günstig, einen eigenen Lernstil zu entwickeln. Bei größeren Schwierigkeiten sollten auch einmal mehrere Lernstile erprobt werden. Du solltest immer daran denken, dass der Lernprozess auf konkrete Erfahrungen des Alltags bezogen werden kann. Das ist auch bei Übungen, die das logische Denken der Studierenden anregen, möglich. Du solltest deshalb mit vielen Beispielen experimentieren, damit die Studierenden ihre neu erworbenen Fähigkeiten festigen können.

> Überlege im Hinblick auf deine Gruppe:
> Worauf richtest du deinen Schwerpunkt?
> Was glaubst du, könnte für deine Studierenden am ehesten angebracht sein?

Um das Thema der Lernstile und Beispiele für geeignete Aktivitäten zu vertiefen, schlagen wir dir vor, mehr über den theoretischen Ansatz von Kolb (1984) zu lesen (siehe Anhang 3).

4.2.4 Lernaktivitäten

Lernaktivitäten zu entwerfen und auszuführen stellt eine fundamentale Fähigkeit dar, die von Tutoren erwartet wird, und dies impliziert eine korrekte Auswahl der Organisationsformen, Lehrmethoden und –medien. Bedenke, dass auch diese Fähigkeit durch Übung erworben wird und du im Verlaufe deiner Tutorentätigkeit bestimmt immer mehr Sicherheit darin bekommen wirst.

Im Folgenden haben wir einige Empfehlungen für den Entwurf und die Konzeptionalisierung von Lernaktivitäten zusammengestellt:

- Bestimme für jede Sitzung klare Ziele und besprich diese mit der Gruppe.
- Verifiziere die Kohärenz zwischen den Lernzielen und der Zeit, welche du zur Verfügung hast, um diese abzudecken.
- Wähle die zu entwickelnden Aktivitäten entsprechend der vorgeschlagenen Ziele, der verfügbaren Zeit und der Voraussetzungen in deiner Gruppe (Teilnehmerzahl, Alter, Studiengänge, Interessen etc.) aus.
- Kommuniziere mit den Studierenden über den Verlauf der Arbeit und über die Vorgehensweise.
- Bereite dich angemessen auf jede Sitzung vor, indem du die Themen wiederholst und die zu bearbeitende Literatur bereitstellst sowie die Aktivitäten, welche du dir für die Studierenden ausgedacht hast, vorbereitest.
- Wenn die Studierenden zu Hause etwas vorbereiten sollen, informiere sie detailliert. Um dich nicht in der Zeit zu verschätzen, solltest du die Ausgabe selbst einmal erledigen.
- Verwende Feedbacks, um immanent Informationen zu erhalten und den Studierenden Einblicke in ihre Fortschritte zu ermöglichen.
- Es ist sinnvoll, wenn du die Studierenden regelmäßig zur bewussten Reflektion über das Gelernte anregst. Gleichzeitig kannst du so auch wertvolle Rückmeldungen über deine Tutorentätigkeit erhalten.

Die Aktivitäten der Studierenden fördern

> „Das Lernen ist kein passiver Sport. Die Studierenden lernen nicht viel, wenn sie einfach nur in der Klasse sitzen und den Dozenten bzw. Professoren zuhören, die verpackten Inhalte auswendig lernen, Fragen stellen und Antworten geben. Es ist notwendig, dass sie darüber reden, was sie lernen, darüber schreiben, es mit ihren vergangenen Erfahrungen verbinden und es in ihrem Alltag anwenden." (Chickering/Gamson 1987)

Was denkst du über dieses Zitat?
Wie schätzt du das Aktivitäts-/Partizipations-Niveau deiner Studierenden während der Tutoriumssitzungen ein?

Die Übungszeit in den Sitzungen ist kurz, und gelegentlich sind die Ziele sehr ehrgeizig, vor allem bezüglich der Informationen, mit denen unsere Studierenden umgehen können sollen. Oft neigen die Tutoren dazu, den Studierenden zu sagen, was zu wissen notwendig ist. Du hast sicherlich schon festgestellt, dass in diesem Fall die Sitzung mit deiner Präsentation ausgefüllt ist und nur du aktiv bist, während die Studierenden lediglich zuhören, leicht abschweifen und unruhig werden. Alle sind am Ende eher unzufrieden und gehen mit einem unguten Gefühl nach Hause.

Es zeigt sich, dass die Präsentation, wenngleich sie in manchen Fällen sehr hilfreich sein kann, nicht die beste Art ist, die Studierenden mit den Ideen und Informationen, die wir ihnen vorstellen, vertraut zu machen. Oft ist es schwierig, die Aufmerksamkeit und Konzentration der Studierenden über lange Zeit aufrecht zu erhalten. Viele sind mit dem schnellen Notieren des Vorgetragenen beschäftigt, ohne ausreichend Zeit zur Reflexion zu haben, so dass sie auch keinen Anlass sehen, den Inhalt ihrer Mitschriften zu hinterfragen.

Die Herausforderung besteht aber darin, die Studierenden zu motivieren, über die präsentierte Information (aus der Vorlesung z.B.) nachzudenken und diese zu kommentieren. Dadurch wären die Studierenden nicht nur auf das Zuhören und Mitschreiben konzentriert, sondern könnten darüber hinaus Fähigkeiten zur Anwendung der Konzepte entwickeln. Sie sollten das Vorgetragene oder Gelesene analysieren und mit der Gruppe diskutieren, Fragen stellen oder Probleme erörtern. Zusammengefasst heißt das, dass die Studierenden in Aktivitäten eingebunden wären, die sie zur Reflexion über Ideen und wie diese von ihnen genutzt werden können, anregen.

> Wie ist es dir bisher gelungen, die Teilnehmer/innen deines Tutoriums aktiv zu beteiligen?
> Zu welchen Aktivitäten konntest du sie anregen?

Wir wollen die hier einige Vorschläge zur Aktivierung der Studierenden präsentieren. Wenn du sie noch nicht kennst, dann probiere sie einmal aus.

a) Die aktivierende Präsentation

Der traditionelle Frontalunterricht ist zwar eine der ältesten Lehrformen, die es gibt, hat aber nach wie vor auch seine Berechtigung. Wenn du die unten angeführten Hinweise beachtest, wird auch diese Lehrform effektiv sein.

- Beginne die Sitzung, indem du deine Studierenden darum bittest, in einem Brainstorming die Arbeit der vergangenen Sitzung zusammenzufassen und über die Aspekte nachzudenken, welche ungelöst geblieben sind. Lass sie ihre Fragen, die noch geblieben sind, benennen. Nimm diese Hinweise als Ausgangspunkt für deine Präsentation.
- Teile die Studierenden vor deiner Präsentation in Gruppen mit bestimmten Aufgaben ein. Eine Gruppe zum Beispiel soll nach dem Vortrag Fragen stellen, eine andere soll das Gesagte durch Beispiele ergänzen, eine dritte Gruppe soll opponieren, anzweifeln usw. Dies führt dazu, dass die Studierenden während deiner Präsentation sehr aufmerksam sein müssen.
- Unterbrich die Präsentation für Momente der Diskussion und Debatte. Hierzu kannst du Fragen vorbereiten, welche sich zur Vertiefung und zum Verständnis der Themen eignen. Es können auch Fälle oder reale Situationen einbezogen werden.

- Mach Pausen von wenigen Minuten, zwei oder dreimal während deiner Präsentation, um dafür zu sorgen, dass die Studierenden allein oder in Partnerarbeit ihre Notizen verbessern und ihre Fragen zu den vorgestellten Themen formulieren. Du kannst die Fragen in den letzten Minuten der Sitzung beantworten oder sie als Ausgangspunkte für die nächste Sitzung nehmen.
- Bitte die Studierenden, ihre Hefte für einige Minuten zu schließen und auf einem weißen Blatt so viel wie möglich aus den Inhalten der Präsentation aufzuschreiben.
- Kombiniere die Vorlesung mit aktiven und kooperativen Techniken.

b) Brainstorming

Brainstorming hat zum Ziel, möglichst viele Informationen von den Studierenden zu einem Thema zu sammeln. Dies erlaubt es, verschiedene Aspekte eines Problems gemeinsam zu analysieren oder eine Situation zu erkennen. Für die Vorbereitung des Brainstormings beachte Folgendes:

1. Bestimme das Thema des Brainstormings.
2. Erkläre die Ziele und die Vorgehensweise.
3. Forme Gruppen und benenne einen Studierenden, der die Ideen, die die Gruppe zusammenträgt, aufschreibt.
4. Bitte jeweils einen Vertreter der Gruppen, die Ideen aus den Gruppen mitzuteilen, und halte diese auf der Tafel fest.
5. Analysiere die Ideen mit der Gesamtgruppe und organisiere diese in passenden Clustern.
6. Lass eine Zusammenfassung und Schlussfolgerungen erarbeiten.

Eine Variante ist, keine Gruppen zu bilden und stattdessen individuelle freie und spontane Äußerungen der Studierenden zuzulassen und währenddessen Notizen an der Tafel zu machen, um daraufhin mit den Punkten 5 und 6 fortzuführen.

c) Die kommentierte Lektüre

Das Ziel der kommentierten Lektüre ist die Vertiefung des Textverständnisses. Berücksichtige dabei die folgenden Hinweise:

1. Lege ein Thema fest.
2. Suche ein Dokument oder einen Text aus und verteile Kopien davon.
3. Bitte einen oder mehrere Studierende, Teile des Dokuments bzw. das gesamte Dokument vorzulesen.
4. Unterbrich, wenn du es für angebracht hältst, um Fragen über den Text zu stellen oder Kommentare der Studierenden einzuholen.
5. Formuliere Schlussfolgerungen in Zusammenarbeit mit den Studierenden.

Eine Variante ist es, den Text zu Hause lesen zu lassen und anschließend in der Sitzung des Tutoriums über seinen Inhalt zu diskutieren, indem du den Studierenden Fragen stellst oder ihre Meinungen einholst.

d) Das Rollenspiel

Das Rollenspiel kannst du anwenden, um dich zu vergewissern, dass die Studierenden Themen mit sehr unterschiedlichen oder auch widersprüchlichen Aspekten verstehen. Für das Rollenspiel solltest du die folgenden Hinweise berücksichtigen:

1. Bereite die Beschreibung eines Themas oder einer Situation sowie die benötigten Charaktere vor.
2. Erkläre den Studierenden den Hintergrund und die Regeln des Rollenspiels.
3. Bitte um Freiwillige und verteile die Charaktere (es kann auch durch ein Losverfahren entschieden werden oder durch Benennung oder Abstimmung unter den Studierenden).
4. Weise den Rest der Gruppe an, sich als Beobachter zu betätigen.
5. Stelle die Aufgabe vor und setze die Dauer des Spiels fest.
6. Bitte um die Darstellung des Themas/der Situation durch die Freiwilligen, entsprechend ihrer Charaktere.
7. Frage die Gruppe nach ihren Gedanken und Kommentaren zu der Darstellung.
8. Unterstütze die Darstellung mit einer Zusammenfassung, einem Kommentar oder einer Schlussfolgerung zur Aufgabe.

Eine Variante wäre, Gruppen zu bilden und jede Gruppe diese Situation oder unterschiedliche Situationen darstellen zu lassen.

e) Die Gruppendiskussion

Die Sitzung kann auch als Gruppendiskussion geplant werden. Am Anfang steht eine von den Studierenden vorbereitete Präsentation. Wichtige Hinweise hierfür sind:

1. Wähle Studierende aus, damit diese eine Präsentation vorbereiten.
2. Führe in das Thema ein.
3. Stelle die Präsentierenden vor.
4. Bestimme die Reihenfolge der Präsentationen und fungiere als Moderator.
5. Lade die Studierenden dazu ein, Fragen zu stellen, um einige Aspekte des Themas zu bestärken oder Zweifel zu klären.
6. Stelle den Präsentierenden Fragen, wenn du denkst, dass einige Punkte noch nicht klar wurden. Bitte sie, ihre Schlussfolgerungen zum Thema vorzustellen.

f) Fallstudien

Diese Methode stützt sich auf den Gedanken, dass die Theorie mit der beruflichen Praxis verbunden werden sollte. Es werden den Studierenden Informationen aus dem realen Leben vorgestellt, damit sie diese analysieren und Lösungen finden können. So wird das angeeignete Wissen auf verschiedene Praxisfälle angewandt und dabei gefestigt. Außerdem wird die Gruppenarbeit gefördert, und es werden Kommunikation, Kooperation und gegenseitiger Respekt entwickelt.

Die Fallstudien können in einem Teil einer Sitzung stattfinden oder sich über mehrere Sitzungen erstrecken. Zur Durchführung unternimm folgende Schritte:

1. Bereite einen Fall vor, der dem Ziel und den Lerninhalten, die für die Sitzung vorgesehen sind. entspricht.
2. Stelle deinen Studierenden den Fall vor und teile die Teilnehmer zur Bearbeitung des Falls in kleine Gruppen ein.
3. Überwache den Analyseprozess und die Lösung des Falls in jeder der kleinen Gruppen.
4. Organisiere im Anschluss die Präsentation der Ergebnisse seitens jeder Gruppe.
5. Lass Schlussfolgerungen zur Lösung des Falls formulieren.

Es kann ein schriftlicher Bericht zu den Analysen und Schlussfolgerungen von den einzelnen Gruppen angefordert werden.

g) Das Puzzle

Diese Methode stützt sich auf die Idee des kooperativen Lernens, die Studierenden lernen voneinander, indem sie in kleinen Gruppen arbeiten.

Der Verlauf der Methode ist wie folgt:
1. Eine Aktivität wird in unterschiedliche Teile oder Themen unterteilt.
2. Die Studierenden bilden Gruppen. Jedem Mitglied wird ein Thema zugeteilt, das er/sie individuell bearbeiten soll (zum Beispiel die Lektüre und Gedanken bezüglich des Textes).
3. Jeder Studierende setzt sich daraufhin mit Mitgliedern anderer Gruppen zusammen, welche die gleiche Aufgabe erhalten haben. Diese Studierenden bilden eine Expertengruppe, diskutieren über das Thema oder die Aufgabe und planen, wie sie dies den Mitgliedern ihrer Originalgruppe beibringen wollen.
4. Die Mitglieder der Originalgruppen treffen zusammen, und jeder Studierende vermittelt den anderen aus seiner Gruppe seine nunmehr durch die Expertengruppe angereicherte Information. Diese Gruppe löst nun gemeinsam die Gesamtaufgabe, die zu Beginn gestellt wurde.

Um diese Aufgabe durchzuführen, sind die Gruppen zur Kooperation gezwungen, da jede Gruppe nur über einen Teil der Informationen verfügt. In diesem Sinne wird eine positive Abhängigkeit gefördert: Die Gruppen erreichen das Ziel nur dann, wenn jede einzelne Gruppe es erreicht. So entsteht eine hohe Motivation der Teilnehmer: Jeder muss seine Aufgabe erfüllen, um die Gruppe weiterzubringen und jede Gruppe muss zur Lösung der komplexen Aufgabe ihren Anteil einbringen.

Ein Vorteil der Methode besteht darin, dass die Gruppe eine große Menge an Informationen in kurzer Zeit verarbeiten muss. Bei dieser Aktivität werden neben den Lerneffekten auf der fachlichen Ebene auch Lernprozesse auf der interpersonalen Ebene gefördert (aktives Zuhören, effektive Kommunikation, Zustimmung, Empathie etc.).

h) Die kontroverse Diskussion

Bei dieser Methode erhalten die Studierenden – eingeteilt in Gruppen – die Aufgabe, eine Meinung (Pro oder Contra) zu einem kontroversen Thema zu verteidigen. Das Ziel besteht darin, die größtmögliche Menge an Argumenten zu suchen. Jedes Argument muss die zu verteidigende Stellungnahme rechtfertigen oder bestärken, unabhängig davon, ob dies der eigenen persönlichen Meinung entspricht oder nicht. Dies erfordert, dass die Studierenden Informationen suchen, bestimmte Aspekte vertiefen und auf diese Weise die vorgeschlagenen Themen beherrschen. Auf der anderen Seite erfordert es auch, dass die Studierenden ihre argumentativen Fähigkeiten entwickeln, da sie debattieren müssen und die anderen überzeugen sollen, welche Meinung auch immer sie verteidigen müssen. Das hilft, Fähigkeiten zur Kooperation und zur Kommunikation zu entwickeln sowie das Zuhören und Akzeptieren anderer Meinungen, das Fragenstellen und Feedback geben zu üben.

Mit Hilfe dieser Methode wird gelernt, Konflikte als eine Chance zu verstehen, als eine Gelegenheit, sich weiterzuentwickeln und darauf vorbereitet zu sein, alltägliche Situationen zu meistern. Möglicherweise könnte das mit einem Rollenspiel verbunden werden.

Der Verlauf dieser Methode ist folgender:

1. Du teilst die Studierenden in eine gerade Anzahl von Gruppen ein.
2. Die Hälfte der Gruppe erhält die Anweisung, zu einem bestimmten Thema eine Meinung zu vertreten, die andere Hälfe vertritt eine gegenteilige Meinung.
3. In den Gruppen arbeiten die Studierenden zunächst individuell, indem sie eigene Argumente zur Verteidigung der Meinung ausarbeiten, danach werden in der Diskussion mit den anderen Gruppenmitgliedern Gruppenargumente gesammelt.
4. Die Gruppen setzen sich gegenüber und diskutieren, wobei sie ihre Meinung begründen müssen. Du moderierst diese Diskussion und bemühst dich um die Einbeziehung aller Studierenden. Es können von dir auch zusätzliche Aspekte in die Diskussion eingebracht werden.
5. Die ersten vier Schritte können wiederholt werden, zum Beispiel mit folgendem Perspektivenwechsel: es kann von den Studierenden verlangt werden, dass sie nun die andere Meinung vertreten.

Nach Beendigung der Diskussion könnten die Mitglieder jeder Gruppe gemeinsam einen Bericht schreiben und jede/r Studierende notiert, welche der Positionen er/sie bevorzugt und warum. Die Übung endet mit einer Reflexion über die erreichten Lernziele.

i) **Problembasiertes Lernen**

Das problembasierte Lernen erfreut sich in den Hochschulen zunehmender Beliebtheit. Während in traditionellen Methoden die Information vorangestellt wird und danach ihre Anwendung an verschiedenen Beispielen geübt wird, wird bei dieser Methode den Studierenden zunächst das Problem dargestellt, und sie müssen sich die notwendigen Informationen selbst suchen, um schließlich das Problem lösen zu können.

Die Probleme, die ausgewählt werden, können real oder auch fiktiv sein. Die Studierenden sind im gesamten Prozess der Problemlösung aktiv und arbeiten in kleinen Gruppen zusammen.

Diese Methode ist komplexer als die anderen hier vorgestellten Methoden. Für gewöhnlich werden mehrere Sitzungen hierfür benötigt. Im Allgemeinen ist der Ablauf wie folgt:

1. Es wird das Szenario eines Problems, das den Lernzielen und –inhalten des Themas entspricht, entworfen.
2. Das Problem wird den Studierenden vorgestellt und soll in kleinen Gruppen gelöst werden.
3. Die Studierenden arbeiten dazu Hypothesen aus und überlegen, welche Methoden sie einsetzen müssen, um die Hypothesen zu verifizieren oder zu falsifizieren.
4. Die Studierenden begeben sich in einen Forschungsprozess, in dessen Verlauf sie die geplanten Schritte gehen, um die erforderlichen Informationen zur Problemlösung zusammentragen zu können. Dazu müssen sie zum Beispiel die Literatur analysieren, Interviews, Beobachtungen, Befragungen u.a. durchführen, Ergebnisse auswerten und diskutieren.
5. Die Studierenden stellen ihre Ergebnisse vor und erarbeiten mit Hilfe des Tutors/der Tutorin Schlussfolgerungen.

Die Hilfe, die Gruppen bei dieser Arbeit benötigen, kann sehr unterschiedlich sein. Du solltest deshalb den Prozess verfolgen und an der Seite deiner Gruppe sein. Bedenke, dass nicht jede Gruppenarbeit eine kooperative Lernerfahrung darstellt. Das kooperative Lernen impliziert viel mehr, als die Studierenden in Gruppen zu organisieren. Es erfordert die Berücksichtigung einiger grundlegender Bedingungen, wie zum Beispiel:
- Zwischen den Gruppenmitgliedern gibt es Interdependenzen, die meist nicht bewusst sind, die Zusammenarbeit aber beeinträchtigen können.
- Zur Lösung der Aufgaben müssen die Teilnehmer/innen von Angesicht zu Angesicht interagieren, das verlangt ein gewisses Maß an Vertrauen.
- Sie müssen von ihren kommunikativen Fähigkeiten Gebrauch machen. Wenn sie bei einigen (noch) nicht entwickelt sind, sollte zunächst daran gearbeitet werden.
- Jeder muss sich seiner Verantwortung für das Gelingen der Gruppenarbeit bewusst sein.

Zum Abschluss geben wir ein Beispiel zur Planung einer Sitzung. Es handelt sich um ein Tutorium zu einer Statistikvorlesung.

Thema der Sitzung	Ziele der Sitzung	Lerninhalte	Aktivitäten zur Erreichung der Ziele
Die zentralen Trend-Maße	Die Studierenden erkennen die Konzepte und wenden diese zur Lösung von Übungsaufgaben an.	Maße. Mittelwert, Median, Modalwert, Standardabweichung.	Brainstorming über die Konzepte, aktivierende Präsentation, Fälle studieren, in denen die Konzepte angewendet werden.

Das ist eine Grobplanung, die du zu Beginn des Tutoriums für jede einzelne Sitzung in dieser Form anfertigen kannst. Das hilft dir, um zunächst eine Übersicht zu bekommen. Später wirst du jede Sitzung gründlicher vorbereiten. Du kannst es hier selbst einmal bei der folgenden Aufgabe versuchen.

> Welche Inhalte und Aktivitäten könntest du planen, damit die Studierenden die Bedeutung des Mittelwertes, seine Vor- und Nachteile für statistische Berechnungen verstehen?

Thema der Sitzung	Ziele der Sitzung	Lerninhalte	Aktivitäten zur Erreichung der Ziele
Der Mittelwert als statistisches Maß	Studierende sollen die Berechnung des Mittelwertes richtig anwenden und Forschungsergebnisse kritisch hinterfragen		

4.2.5 Die Bewertung des Lernfortschritts in den Sitzungen

Sowohl die Themen, die Lernziele, aber auch die Bewertung werden durch den Dozenten/die Dozentin festgelegt. Normalerweise obliegt die Bewertung den Dozenten. Du wirst jedoch auch nicht ohne Bewertung auskommen, denn sie begleitet immanent deine Arbeit als Tutor/Tutorin. Darum soll im folgenden Kapitel dieses Thema diskutiert werden.

4.2.5.1 Ziele der Bewertung

Die Bewertung ist ein Kontrollsystem, das es erlaubt zu bestimmen, welche Ziele erreicht wurden, welche Lernfortschritte der Studierenden zu erkennen sind und welche Korrekturen benötigt werden.

> Nimm dir einen Moment Zeit, um Folgendes zu beantworten: Was heißt Bewertung? Warum bewerten wir? Welche Effekte oder Konsequenzen haben Bewertungen?

Wir gehen davon aus, dass Bewertung die Voraussetzung dafür ist,

- die Ergebnisse deines Tutoriums zu bestimmen, um daraus eventuelle Modifikationen für die weiteren Sitzungen abzuleiten,

- Feedback über die Lernmechanismen einzuholen,
- gerechte und repräsentative Rückmeldungen geben zu können.

Zudem wird es für die Studierenden hilfreich sein, dass sie ihre Bemühungen neu ausrichten und so Defizite überwinden können.

4.2.5.2 Bewertungskriterien

Ein grundlegender Aspekt, den es zu berücksichtigen gilt, ist die Notwendigkeit, Bewertungskriterien klar und präzise zu formulieren und den Studierenden diese mitzuteilen. Die Kriterien sollten den Lernzielen entsprechen, da wir an ihnen das Erreichte messen.

> In einem Kurs bittest du die Studierenden um eine Präsentation zum „Ursprung des Universums". Lernziele sind: Beschreibung und Vergleich der wichtigsten Theorien über den Ursprung des Universums. Welche Kriterien würdest du zur Bewertung der Präsentation heranziehen? **?**

Die Kriterien sollten den Studierenden vor der Ausarbeitung der Präsentationen mitgeteilt werden. Die Kenntnis der Bewertungskriterien bedeutet für die Studierenden, dass sie sich darüber im Klaren sein können, was sie wissen müssen. Das hilft Ängste zu vermeiden und sich zielgerichtet mit der Aufgabe zu beschäftigen, weil klar ist, worauf sich die Bemühungen richten sollten.

Die Kriterien, die du für die Bewertung festlegst, sollten von den Lernzielen abgeleitet sein und mit den Kriterien, die du den Studierenden mitgeteilt hast, übereinstimmen. Wenn du zum Beispiel bei dem Thema „Ursprung des Universums" erwartest, dass die wichtigsten Theorien dargelegt werden, dann könnte ein Kriterium sein: Anschauliche Beschreibung der Theorien mit Diskussion des aktuellen Forschungsstands.

4.2.5.3 Planung und Zeitpunkte der Bewertung

Die Evaluation ist eine Etappe, die gut geplant werden sollte. Dies geschieht in Koordination mit dem Dozenten/der Dozentin, wobei du die folgenden Aspekte bei der Bewertung während der Sitzungen bedenken solltest:

- Zu Beginn des Kurses bzw. der Sitzung solltest du eine Bestandsaufnahme des Niveaus der Kenntnisse, Fähigkeiten oder Defizite der Studierenden vornehmen. Dies hilft, die Inhalte und Ziele des Tutoriums an die konkreten Möglichkeiten der Studierenden anzupassen (diagnostische Evaluation).
- Es sollten Bewertungen während des Prozesses erfolgen. Sie geben den Studierenden die Möglichkeit, ihren Fortschritt zu erkennen. Vermeide Spannungen und Ängste, welche oft mit Prüfungen verbunden sind (formative Evaluation).

- Am Ende des Tutoriums ermöglicht die Bewertung die Rekapitulation und Integration der Lerninhalte, die während des Semesters bearbeitet wurden. Dies erlaubt, Entscheidungen zu treffen, die mit der Abschlussprüfung der Studierenden zusammenhängen und die deine zukünftige Arbeit als Tutor/Tutorin beeinflussen.

4.2.5.4 Bewertungsinstrumente

Du kannst verschiedene Methoden nutzen, um zu einer Bewertung zu kommen:
- die Beobachtung,
- das Gespräch,
- Kontrollen anhand von Berichten, Präsentationen, Protokollen u.ä.,
- Prüfungen oder Klausuren (mündlich, schriftlich, Kombination aus beiden),
- Selbsteinschätzungen,
- praktische Arbeit.

Jede Methode erfordert die Anwendung von Instrumenten und die Bestimmung von Bewertungskriterien, zudem ist es notwendig, dass die Evaluationskriterien vom Lerninhalt abgeleitet werden.

Im Folgenden werden wir dir einige Methoden und Bewertungstechniken näher erklären.

a) Die Beobachtung

Die Beobachtung ist die wichtigste Methode der pädagogischen Diagnostik. Als wissenschaftliche Methode unterscheidet sie sich von der Wahrnehmung, die der unmittelbarste Zugang des Menschen zu seiner Lebensumwelt ist. Wenn du als Tutor/Tutorin mit deiner Gruppe arbeitest, so nimmst du ständig das, was in dieser Interaktion geschieht, wahr. Du siehst, hörst, fühlst das Geschehen und bewertest es meist auch unbewusst. Nimmst du dir aber zielgerichtet vor, eine bestimmte Situation systematisch zu beobachten, dann musst du dazu die notwendigen wissenschaftlichen Instrumente einsetzen. So wirst du zum Beispiel einen Beobachtungsplan erstellen. Dieser beinhaltet das Ziel, d.h. was oder wen und wie lange du beobachten willst. Außerdem musst du das zu Beobachtende operationalisieren, d.h. Kriterien festlegen, nach denen du das Beobachtete festhalten kannst (s. Anhang 4). Es reicht auch nicht aus, einen Sachverhalt nur einmal zu beobachten. Geplant werden muss der Beobachtungszeitraum, evtl. solltest du auch unter verschiedenen Bedingungen beobachten. Wichtig ist, dass die Beobachtung ohne Bewertung erfolgen muss. Erst wenn genügend Beobachtungsmaterial gesammelt wurde, kannst du eine Interpretation versuchen.

Was kann überhaupt durch Beobachtung erschlossen werden? Nur das, was über Wahrnehmung zugänglich ist, also das Verhalten, die Worte und das Ausdruckgebaren (Mimik, Gestik, Körperhaltung). Lernfortschritte kannst du über die Beobachtung erschließen, wenn du dich auf ein von dir bestimmtes Verhalten bei einem oder zwei Studierenden konzentrierst. So kannst du zum Beispiel beobachten, ob sich ihre Mitarbeit im Tutorium verändert hat, indem du nach festlegten Kriterien zielgerichtet dieses Verhalten beobachtest. Motive kannst du zum Beispiel nicht beobachten. Dazu kannst du die folgende Methode verwenden.

b) Das Gespräch

Dieses Instrument wird eingesetzt, um Informationen über die hinter dem Verhalten liegenden Einstellungen, Motive und Erwartungen zu erfassen. Auch bei der Lösung von Problemen ist das die geeignete Methode. Das Gespräch sollte geplant und nicht situativ bedingt sein. Bemerkst du Schwierigkeiten bei einem Studenten, dann biete ihm ein Gespräch an, so dass er sich genau wie du auf das Gespräch vorbereiten kann.

c) Schriftliche Prüfungen (Klausuren, Tests o.ä.)

Gewöhnlich werden die Studierenden mit Hilfe schriftlicher Prüfungen bewertet.

> Was hältst du von der schriftlichen Prüfung? Denke über ihre Vorteile und ihre Nachteile nach. Welche Forderungen muss man an eine schriftliche Prüfung stellen, damit sie den Kriterien der Objektivität und Validität gerecht wird?

Die Ausarbeitung schriftlicher Prüfungen ist schwierig. Im Normalfall wirst du das in Abstimmung mit dem Dozenten/der Dozentin vorbereiten. Es ist gut zu überlegen, was geprüft werden soll. Geht es um Kenntnis von Fakten, um Fähigkeiten oder Fertigkeiten? Werden Fragen mit offenen Antworten gestellt, dann können eher individuelle Fähigkeiten ermittelt werden. Du bekommst so Rückmeldungen über das Leistungsniveau des Einzelnen und kannst auch die Schwierigkeiten gut erkennen.. Für diese Art der Prüfung wird empfohlen,
- keine reine Auflistung von Daten und Tatsachen zu verlangen.
- ein Thema oder Problem zu wählen, innerhalb dessen der Studierende seine Fähigkeiten zur Reflexion, Analyse und Integration von Kenntnissen anwenden kann (in diesem Fall versucht die Bewertung kognitive Ziele zu messen),
- den Studierenden klar und deutlich die Aufgaben zu stellen. Sie beginnen mit Worten wie: Analysiere, vergleiche, benenne ein Beispiel für ..., nenne die Gründe für ... etc.
- Fragen zu stellen, die mit jeder Art der Vorbereitung und von jedem beantwortet werden können und keine Fragen zu stellen, die höchstens von 10% der Studierenden beantwortet werden können. Die Schwierigkeit sollte der zur Verfügung stehenden Zeit angemessen sein.

In Abhängigkeit von den Lernzielen, die sowohl im Gespräch wie auch in mündlichen oder schriftlichen Kontrollen überprüft werden sollen, sollte der Tutor/die Tutorin Fragen formulieren. Im Folgenden haben wir Beispiele für offene Fragen zusammengestellt (vgl. Fowler 2005).

Konzeptionelle Inhalte
Was ist ...? Wie ist ...?
Wo ist ...? Wann passierte ...?
Was ist ... passiert? Wie erklärst du dies?
Warum ...? Wie würdest du ... beschreiben?
Wann war ...? Erinnerst du dich ...?
Kannst du wählen ...?
Welches sind die wichtigsten ...? Kannst du drei ... nennen?
Könntest du einige Fakten nennen für ... ?

Prozessuale Inhalte
Wie würdest du ... benutzen?
Wie würdest du ... lösen, unter Berücksichtigung dessen, was du über ... gelernt hast?
Wie würdest du ... organisieren, um zu zeigen, dass ... ?
Wie würdest du dein Verständnis von ... deutlich machen?
Auf welche andere Weise würdest du ... planen?

Verhaltensbezogene Inhalte
Welches ist deine Meinung von ...? Wie würdest du verifizieren/falsifizieren ...?
Wie würdest du argumentieren, um solche Handlungen zu verteidigen? Wie würdest du ... bewerten?
Wie würdest du ... bestimmen? Wie würdest du mit dem, was du weißt, ... erklären?
Wie würdest du reagieren, wenn ... ?

Motivations- und wertbezogene Inhalte
Kannst du den Wert oder die Bedeutung von ... beschreiben? Warum glaubst du, dass ... gewählt hat zu ...?
Welchen Wert würdest du ... geben?
Wie würdest du ... rechtfertigen? Warum wäre es besser, dass ...?

Schließlich schlagen wir zur Benotung der Prüfung mit offenen Fragen das folgende Vorgehen vor:

- Zuerst die ideale Antwort vorbereiten und jeder Frage einen Punktwert zuordnen. Die Musterantwort kann als Kriterium zur Bemessung für jede individuelle Antwort dienen.
- Zunächst eine Frage in allen Klausuren korrigieren, bevor du zur nächsten übergehst. Dies ermöglicht es, hintereinander die Antworten aller Studierenden zu derselben Frage zu bewerten, ohne dass in die Bewertung einfließt, was der Studierende zuvor geschrieben hat.
- Es ist äußerst wichtig, Kommentare zu den vergebenen Bewertungen zu schreiben, denn der Hauptgrund für die Bewertung ist, das Lernen zu erleichtern. Die schriftlichen Kommentare oder Analysen zur Antwort der Studierenden werden ihnen mehr als eine Note helfen, dieses Ziel zu erreichen.

> Wir möchten dich nun bitten, eine Klausur zu einem von dir ausgewählten Thema vorzubereiten. Versieh die Klausur mit Fragen und Kriterien zur Bewertung und beachte dabei die in diesem Kapitel erwähnten Hinweise.

Um diese Übung zu erleichtern, halte dich dabei an folgende Reihenfolge:
- das Ziel bestimmen,
- die Fragen zu verschiedenen Kenntnis- bzw. Fähigkeitsniveaus formulieren,
- Musterantwort(en) ausarbeiten,
- jeder Frage eine Punktzahl zuordnen.

Du kannst dazu das folgende Formular benutzen. Hierbei kannst du alle Informationen, die du in diesem Handbuch vorfindest, verwenden.

Thema der Sitzung	Ziele der Sitzung	Lerninhalte	Aktivitäten zur Erreichung der Ziele	Instrumente und Fragen zur Bewertung

4.3 Lernstrategien und Lerntechniken (Santa Clara)

> Als Tutor/Tutorin hörst du manchmal die folgenden Äußerungen von den Teilnehmern deines Tutoriums:
> „Mir reicht die Zeit nicht, alles hat sich zum Ende hin aufgestaut, ich weiß nicht, was ich tun soll."
> „Ich weiß nicht, wie ich mir die Zeit einteilen soll, wo ich anfangen soll."
> „Ich habe keine Freizeit."
> „Ich hatte so viel gleichzeitig zu tun, dass ich nicht alles schaffen konnte."
>
> In diesen Situationen ist es notwendig, darüber nachzudenken:
> Wie kannst du die Tutoriumsteilnehmer unterstützen, damit sie ihre Schwierigkeiten überwinden und Lernerfolge haben?

Es ist zunächst notwendig, dass du verstehen musst, wie die Lernaktivitäten strukturiert und kontrolliert werden können. Hierzu zählen vor allem die Planung der zur Verfügung stehenden Zeit. Dies solltest du mit deinen Studierenden üben, damit sie effizient studieren können.

Fordere deine Studierenden auf, ihr Lernverhalten nach den folgenden Fragen zu bewerten.		
Frage	Ja	Nein
1. Hast du schon einmal deine Lernmethoden analysiert?		
2. Bist du ein systematischer Lerner (lernst du z.B. täglich)?		
3. Stellst du einen Lernplan auf?		
4. Benutzt du Medien (Agenda, Heft, Zettel), um deine Zeit fürs Lernen zu planen?		
6. Lernst du an einem festen Ort?		
7. Lernst du oft im Liegen?		
8. Machst du dir für gewöhnlich Notizen, wenn du Bücher liest?		
9. Kombinierst du Lernphasen mit anderen Aktivitäten (Sport, Pausen, Besuch von kulturellen Veranstaltungen)?		
10. Denkst du, dass die Ergebnisse in den verschiedenen Fächern von deinen Lernmethoden abhängen?		
11. Hast du oft Phasen, in denen du unterhalb deiner Möglichkeiten lernst?		
12. Machst du oft von Informationsdiensten Gebrauch?		
13. Kombinierst du zum Lernen unterschiedliche Arten der Lektüre miteinander (diagonal lesen, vertiefend lesen)?		
14. Suchst du häufig zusätzliche Informationen zu einem dich interessierenden Thema?		
15. Versuchst du die Aussagen des Dozenten möglichst genau aufzuschreiben?		
16. Erstellst du dir Zusammenfassungen oder arbeitest du mit Abbildungen, Schemata u.ä.?		
17. Hast du bereits etwas zu Lerntechniken gelesen?		
18. Gibt es Lernphasen, in denen du dich ausgebrannt fühlst?		
19. Lenkst du dich regelmäßig während des Lernens mit anderen Aktivitäten ab?		

Eine schlechte Zeitplanung ist häufig der Grund, weshalb viele keine guten Ergebnisse erzielen. Wenn jemand keine gute Planung macht, besteht die Gefahr, dass er/sie andere spontane Aktivitäten vorzieht und das Lernen auf später verschiebt, so dass die zur Verfügung stehende Zeit letztlich knapp wird und in letzter Minute gelernt werden muss, was die Ergebnisse verschlechtert.

Mit Blick auf diese Situation ist es wichtig, dass du darüber nachdenkst:
- Wie verwendest du die eigene Zeit?
- Schaffst du es, deine Zeit so einzuteilen, dass du deine Vorsätze erreichst?
- Nimmst du dir auch ausreichend Zeit für Pausen?

Analysiere deinen Tagesablauf und trage deine Aktivitäten in die Tabelle ein.	
Uhrzeit	Aktivitäten

Die Zeit angemessen zu organisieren bedeutet
- die Ziele, die erreicht werden sollen, konkret und detailliert zu bestimmen und
- die notwendigen Aktivitäten realistisch zu planen und deren Durchführung gut durchdacht zu organisieren.

Planen und organisieren heißt, die Aktivitäten zu definieren, die zur Erreichung der Ziele notwendig sind. Es ist außerdem die Reihenfolge, in der diese stattfinden sollen, festzulegen. Das sollte immer im Einklang mit den eigenen Möglichkeiten, Bedingungen und Erfahrungen geschehen. Nutze die folgende Tabelle, um dir über deine Aktivitäten während eines Tages klar zu werden. Du kannst unterscheiden zwischen den Aktivitäten, die für dein Studium notwendig und durch das Vorlesungsverzeichnis vorgegeben sind, und Zeiten, die du flexibel nutzen kannst. Wenn du dir für jeden Tag solch einen Plan anlegst, kannst du sehr gut das Verhältnis von festen Arbeitszeiten und flexiblen Zeiten sehen (ein Beispiel hierzu findest du auf Seite 50).

4.3.1 Strategien für effizientes Lernen

Im Weiteren geben wir dir einige Informationen zu den Strategien, die du verwenden kannst, um die Lernaktivitäten zu planen und zu strukturieren. Du kannst sie dann an deine Studierenden weitergeben.

Strategien sind Handlungen oder Handlungsschritte, um ein Objekt oder eine Situation zu verändern oder einen Vorsatz zu erreichen. In diesem Fall beziehen wir uns auf Handlungen, die durchgeführt werden müssen, um

1. Lernen zu strukturieren und zu planen und
2. die notwendigen Lernaktivitäten zu erkennen und sich auf sie konzentrieren zu können.

Betrachten wir diese Aspekte näher:

Strukturieren und planen

Zuerst sollten die Studierenden verstehen, dass bei der Organisation eines täglichen Ablaufs Phasen der Arbeit und der Erholung sich abwechseln müssen, um ein Gleichgewicht herzustellen und das Lernen effektiv zu machen. Gib ihnen ein paar Ratschläge, wie zum Beispiel:

1. Wenn sie sich müde fühlen, sollten sie die Aktivitäten, die sie gerade ausüben, für eine Weile ruhen lassen. Eine Pause zwischendurch ist empfehlenswert, um den Organismus auszugleichen und später die Lernaktivität wieder aufzunehmen.
So sollte 40 bis 50 Minuten lang ohne Unterbrechungen gearbeitet werden, gefolgt von Pausenintervallen in der Länge von ungefähr 5 bis 10 Minuten, und nach 3 bis 4 Stunden sollte eine halbstündige bis einstündige Pause eingelegt werden.

2. Es gibt zwei Pausenformen, und jede hat ihre Funktion:
   - Bei der ersten Form sprechen wir von der Pause während des Schlafes. Es sollte ein Schlafrhythmus, der den zeitlichen Bedürfnissen jedes Individuums angepasst ist (sechs bis acht Stunden), eingehalten werden. Wer intellektuelle Arbeit leistet, profitiert von einem ausgeruhten zentralen Nervensystems. Um die Eindrücke des Tages zu verarbeiten und ohne Probleme einschlafen zu können, hilft ein Spaziergang von 15 bis 20 Minuten.
   - Bei der zweiten Form handelt es sich um eine aktive Pause, die durch einen Aktivitätswechsel gekennzeichnet ist. In diesen Pausen ist physische Aktivität angebracht, zum Beispiel Schwimmen, Laufen, Radfahren, Hausarbeit u.a..

3. Die Phase der Vorbereitung zu Beginn einer Sitzung verkürzt sich, wenn die Studierenden Lerngewohnheiten entwickelt haben, da auf diese Weise die Lernaktivität mit vollständiger Konzentration begonnen werden kann. Dies kann weitergeführt werden, wenn zwischendurch die oben erwähnten kurzen Pausen realisiert werden.

4. Jede Person sollte ihre eigenen Besonderheiten, ihre besten und schlechtesten Zeiten zum Arbeiten und zur Durchführung von Lernaktivitäten kennen und den Tag so planen, dass Arbeit und Erholung gut abgestimmt sind.

5. Obwohl jede Person ihren eigenen Tagesrhythmus hat, weiß man, dass die produktivsten Tageszeiten die zwischen 9 und 12 Uhr am Vormittag und zwischen 16 und 19 Uhr am Nachmittag, bei einigen auch noch zwischen 20 und 22 Uhr am Abend, sind.

6. Die Lernaktivitäten sollten in einem Raum mit guten Bedingungen durchgeführt werden: zum Beispiel mit ausreichender Beleuchtung und angemessener Ruhe, mit bequemen Sitzmöbeln, um die Sauerstoffzufuhr für den Körper zu garantieren und Schmerzen zu vermeiden.

Entwirf einen Ablaufplan für eine Woche, in dem du die unten beschriebene Reihenfolge beachtest:
1. Denke an die Ziele, die du in der Woche erfüllen sollst.
2. Unterteile die auszuübenden Tätigkeiten in zeitlich flexible und zeitlich feste. Zu den zeitlich festen Aktivitäten zählen die Unterrichtsstunden an der Hochschule, Termine, Essen, Schlaf und Transport. Unter den zeitlich flexiblen Aktivitäten befinden sich verschiedene Aktivitäten wie Pausen, Sport etc.
3. Notiere die Aktivitäten jeden Typs, die du machen musst, und ordne ihnen die Zeit zu, die du zu ihrer Ausführung in der Woche benötigst.
4. Im Plan für die zeitlich festen Aktivitäten hältst du fest: Kurse, Übungen, Arbeit und andere Termine, die du an einem bestimmten Tag in der Woche erfüllen musst.
5. Daraufhin planst du, zu welcher Uhrzeit du jeden Tag aufstehen und schlafen möchtest, wobei du bedenken solltest, dass du zwischen 6 und 8 Stunden Schlaf bekommst.
6. Halte die Stunden fest, die du zum Frühstücken, Mittagessen, Abendessen und für Körperpflege brauchst.
7. Beachte die Zeit, die du mit Hin- und Herfahren verbringst.
8. Plane die Arbeitszeiten am Schreibtisch, wobei du Pausen von 5 bis 10 Minuten nach jeder Lernphase berücksichtigst.
9. Lege die Aktivitäten zur Erholung in die frei gebliebene Zeit. Es ist sehr wichtig, dass dir Zeit zum Genießen bleibt, in der du tust, was dir gefällt.

Ziele	Zeitlich feste Aktivitäten	Zeitlich flexible Aktivitäten	Uhrzeiten

Du solltest bei der Erstellung deines Planes folgende Regeln beachten:

- Der Verlaufsplan sollte realistisch und flexibel sein, um sich an Änderungen anpassen zu können und ein Gleichgewicht zwischen Lern- und Erholungsphasen herzustellen. Wenn der Ablauf realistisch geplant ist, wird es dir besser gelingen, ihn einzuhalten.
- Eine gute Planung kann auch auf Veränderungen, Unvorhergesehenes und neue Bedürfnisse reagieren.
- Du solltest auf den Zeitablauf achten und dich selbst kontrollieren.
- Es sollte bedacht werden, dass es während des Semesters unterschiedliche Arbeitsbelastungen gibt, am Ende des Semesters kommt meist mehr Belastung auf dich zu, weil dann Arbeiten geschrieben werden, Prüfungen anstehen usw..

Eine angemessene Zeitplanung kann folgende Vorteile bringen:

- Sie erlaubt kontinuierliches Arbeiten,
- die Vorbereitungszeit für die Prüfungen wird zu einer Wiederholung dessen, was bereits zuvor gelernt wurde,
- sie reduziert den Stress, da die Aktivitäten mit weniger Spannung durchgeführt wurden,
- sie ist ein wichtiger Weg zur Erreichung der Ziele.

Aufmerksamkeit und Konzentration im Lernprozess

In der täglichen Arbeit als Tutor wirst du oft auf Studierende treffen, die du zwar als leistungsstark und strukturiert einschätzt, die aber trotzdem mit folgenden Sorgen auf dich zukommen:

> „Je mehr ich organisiere, desto weniger komme ich weiter."
> „Ich schaffe es nicht, das Geplante zu erreichen, weil ich mich nicht konzentrieren kann."
> „Ich lese, aber es ist, als täte ich gar nichts, da ich jeden Moment an etwas anderes denke."

Offensichtlich siehst du dich in diesen Fällen Studierenden gegenüber, die ihre Zeit so organisieren, dass das Lernen für sie Priorität hat, die es aber nicht schaffen, sich ausreichend zu konzentrieren, was verschiedene Gründe haben kann. Hier folgen einige Empfehlungen, mit denen du den Studierenden zeigen kannst, wie sie Aufmerksamkeit und Konzentration während einer Lernphase erreichen können.

Jede Lernaktivität erfordert eine geeignete Aufmerksamkeit und Konzentration, sei es während einer Unterrichtsstunde oder in eigenständigen Lernphasen. Die Aufmerksamkeit ist ein Wahrnehmungsprozess, der zu Beginn einer Handlung affektiv und rational herausfiltert, was jemandem gefällt bzw. missfällt. Die Konzentration bedeutet einen vertieften Zustand der Aufmerksamkeit, es ist eine gerichtete Aufmerksamkeit. Um Aufmerksamkeit zu erlangen, ist es notwendig zu wissen, wie man zuhört, wahrnimmt, versteht, etwas aufnimmt und sich einen Inhalt so merkt, dass man diesen nachher erinnert. Dafür sollte bedacht werden:

- Sorge für ausreichend Erholung.
- Entwickle einen kontinuierlichen Arbeitsrhythmus.
- Eliminiere irrelevante Reize, entferne störende Objekte wie Telefon, Musik oder Fernsehen.
- Nutze Techniken wie das Markieren, Zusammenfassen, Zettel einlegen u.ä., um das Einprägen und Erinnern zu erleichtern.

4.3.2 Techniken zum effizienten Lernen und Zusammenfassen von Informationen

Wir können uns fragen, ob für den Lernerfolg eine korrekte Planung der Lernaktivitäten ausreichend ist. Offensichtlich ist dies nicht der Fall, denn oft kommen Studierende zu uns, die ihre Zeit gut planen und stundenlang mit ihren Büchern lernen, aber nicht die erwarteten Ergebnisse erzielen und deshalb den Tutor aufsuchen und ihn mit folgenden Sorgen ansprechen:

„Ich kann den Text nicht verstehen."
„Es dauert so lange, bis ich einen Text lese, dass ich mich oft verliere und wieder von vorn anfangen muss."
„Ich schaffe es nicht, mich an die gelesenen Texte zu erinnern."
„Ich würde gerne einen Überblick über das Buch erhalten, um später meine Lektüre zu organisieren."
„Ich weiß nicht, wie ich das Wichtigste zusammenfassen soll."

Diese Äußerungen zeigen die Notwendigkeit, eine Antwort auf die folgenden Fragen zu finden:

- Wie strukturierst du dich beim Lesen eines Buches?
- Was trägt in einem Buchladen zu deiner Entscheidung, ein Buch zu kaufen, bei?
- Wie liest du schnell und effizient?
- Wie fasst du Informationen aus einem Text so zusammen, dass ein gutes Textverständnis möglich wird?

Anschließend stellen wir dir einige Techniken vor, damit du deinen Tutoriumsteilnehmern zeigen kannst, wie sie effizient lesen und Informationen strukturieren sollten, um wissenschaftliche Texte zu verstehen und für weitere Arbeiten sinnvoll verwenden zu können. Bei einer effektiven Lesetechnik wird vom makrothematischen Niveau ausgegangen und zum mikrothematischen Niveau hingearbeitet. Ersteres besteht aus der Analyse des Gesamtwerks, letzteres aus den speziellen einzelnen Themen. Dabei können verschiedene Arten der Lektüre unterschieden werden: Überblicks-Lektüre, Kennenlern-Lektüre und Studier-Lektüre.

Überblicks – Lektüre

Diese Art der Lektüre ist sinnvoll, um einen allgemeinen Überblick über das zu lesende Buch zu bekommen. Vor Beginn des Literaturstudiums ist es von Vorteil, eine Idee des ganzen Buches zu haben, seines allgemeinen Inhaltes, seiner thematischen Struktur sowie den Zielen des Autors. Für dieses Ziel wird eine Überblicks - Lektüre vorgenommen. Diese Art des Literaturstudiums wird auch gebraucht, wenn die allgemeine Idee eines Buches vorgestellt werden soll, beispielsweise auf einer Messe, oder wenn man in der Buchhandlung nur wenig Zeit zur Auswahl eines Buches hat.

Nimm ein Buch, das du noch nie gelesen hast, und versuche, dir einen inhaltlichen Überblick zu verschaffen. Gehe dabei in folgenden Schritten vor:

1. den Buchtitel lesen;
2. das Inhaltsverzeichnis analysieren;
3. die Kommentare lesen (Verlag, Ort und Datum der Herausgabe);
4. das Vorwort oder den Prolog lesen (um die Gründe zu kennen, die der Autor zum Schreiben des Buches hatte, seine Ziele, die Adressaten, Struktur und Organisation der behandelten Themen);
5. die Einleitung lesen (um die Ideen und theoretischen Konzepte kennen zu lernen, etwas über die theoretische und praktische Bedeutung sowie das Neue des Buches zu erfahren);
6. den Epilog oder die Schlussfolgerungen lesen (um eine abschließende Bewertung zu erhalten);
7. das Literaturverzeichnis und Autorenverzeichnis anschauen (um eine Idee des Themenspektrums und der zitierten Autoren sowie vom Grad der Aktualität zu bekommen).

Kennenlern – Lektüre

Es handelt sich um den zweiten Schritt der Textanalyse. Er ist wichtig, um eine allgemeine Vorstellung von der Struktur des Themas zu bekommen und ist ein weiterer wichtiger Schritt im Prozess der Inhaltsvertiefung. Diese Art der Lektüre ist nützlich, wenn wenig Zeit und viele Materialien und Dokumente zur Verfügung stehen und wenn entschieden werden muss, welche nutzen können und welche Reihenfolge des Lesens sinnvoll ist. Die Kennenlern - Lektüre soll die logische Sequenz der Themen erschließen und auf diese Weise erlauben, die Materialien nach ihrer Priorität zu klassifizieren.

> Nimm das gleiche Buch, mit dem du die vorhergehende Analyse durchgeführt hast. Die Kennenlernlektüre geht folgendermaßen vor:
> 1. Bestimme, wovon das, was gelesen werden soll, handelt und leite die zentrale Idee ab.
> 2. Lies den ersten oder einleitenden Abschnitt (denn hier stellt der Autor das Thema, das er behandelt, seine theoretische und praktische Bedeutung vor).
> 3. Lies den letzten oder abschließenden Paragraphen (hier fasst der Autor die wichtigsten behandelten Ideen zusammen und stellt eine Verbindung mit anderen Themen her, die im weiteren Verlauf behandelt werden sollen).
> 4. Lies die ersten und die letzten Sätze der Abschnitte, die sich zwischen den einleitenden und den abschließenden Abschnitten befinden (es reicht manchmal, die ersten Sätze der Abschnitte zu lesen, um eine allgemeine Idee des Abschnitts zu erhalten, auch wenn diese nicht logisch vom ersten Satz abgeleitet werden kann).

Studier-Lektüre

Diese Art der Lektüre bezieht sich auf das mikrothematische Niveau der Textanalyse, dessen Endergebnis eine minutiöse Darstellung des gesamten thematischen Inhalts ist.

> Nimm das gleiche Buch, mit dem du die vorherigen Lektüren durchgeführt hast. Eine Studierlektüre verfährt folgendermaßen:
> a) Lies langsam und ununterbrochen und kläre den Inhalt jedes einzelnen Abschnitts. Bestimme die Kernideen des Textes, indem du dir folgende Fragen stellst: Welcher Gegenstand bzw. welches Konzept wird beschrieben?
> b) Was haben die diskutierten Ideen, Objekte, Situationen gemeinsam und worin unterscheiden sie sich?
> c) Welche Hierarchie kann in dem zeitlichen Ablauf der dargestellten Tatsachen erkannt werden?
> d) Welche Bedeutung haben die einzelnen Inhalte?
> e) Mit welchen Beispielen kann die Kernidee verdeutlicht werden?
> f) Wie kannst du das Erkannte weiter verwenden?
>
> 2. Fasse die von dir gefundenen Kernideeen mittels der weiter unten beschriebenen Techniken zusammen.

Im Folgenden werden einige Techniken, die dir bei der Lektüre helfen können, vorgestellt.

Das **Unterstreichen** ist eine Technik, die uns ermöglicht, die wichtigsten Teile einer Lektüre hervorzuheben. Um dies auf angemessene Weise zu tun, sollte das Nachfolgende beachtet werden:

Nimm einen Text und handle schrittweise so:
1. So oft lesen, bis er vollständig verstanden wurde. Beginne erst dann mit dem Unterstreichen.
2. Das Ziel des Unterstreichens definieren, denn hiervon hängt ab, wie viel Text unterstrichen wird.

Ziel	Wie viel unterstrichen werden soll
Die wesentlichen Ideen identifizieren, um sich zu vergewissern, wovon der Text handelt und wie er erzählt werden kann.	25% des Textes
Den Text studieren, um das Thema detailliert und klar erklären zu können.	60% des Textes

3. Die wichtigen Ideen unterstreichen, die <u>wichtigsten Ideen</u> mit einem doppelten Unterstrich, die <u>sekundären</u> oder <u>zusätzlichen Informationen</u> mit einem einzelnen Unterstrich (es können auch farbige Marker verwendet werden)
4. Die Kernideen wie folgt kennzeichnen:
a. Titel oder Untertitel für einzelne Abschnitte formulieren. Sie sagen aus, wovon der Text handelt und was du für wichtig hältst.
b. Sobald eine Idee erkannt wurde, müssen Schlüsselwörter identifiziert werden, die behalten und verstanden werden sollen. Diese Schlüsselwörter können in Substantiven, Verben oder Adjektiven ausgedrückt werden.

Das Ziel des Unterstreichens ist es, den Grad des Verständnisses und der Abstraktion hinsichtlich der Lektüre zu erhöhen. Darum ist es wichtig, dass du als Tutor/in weißt, wie eine Zusammenfassung ausgearbeitet wird und wie du deinen Studierenden dies beibringen kannst, denn dies trägt zweifelsohne dazu bei, dass das Literaturstudium effizienter gestaltet werden kann.

Zusammenfassen bedeutet, einen Text mit wenigen Worten wiederzugeben, so dass die wichtigsten Inhalte beibehalten werden. Eine Zusammenfassung sollte in einer klaren Ausdrucksweise gehalten sein, eine klare Abfolge haben und das reflektieren, was von einem Text verstanden wurde und als wichtig erachtet wird.

> Nimm einen Text, den du studieren musst. Eine Zusammenfassung hat folgendes Muster:
>
> 1. Den Text so oft lesen, wie es zum vollständigen Verständnis notwendig ist.
> 2. Den Text in Gedanken nachvollziehen, indem folgende Fragen gestellt werden:
>   a. Wovon handelt er?
>   b. Warum wurde er geschrieben?
>   c. Was will der Autor erklären?
>   d. Worauf besteht der Autor?
> 3. Die wesentlichen und wichtigsten Ideen unterstreichen.
> 4. Die unterstrichenen Wörter aufschreiben und verbinden, so dass sie beim Lesen Sinn machen. Beachte, dass Zusammenfassen kein wörtliches Kopieren aller Worte des unterstrichenen Textes ist.
> 5. Zahlen und Buchstaben verwenden, die eine Hierarchisierung der Informationen ermöglichen.

Eine weitere wichtige Ressource, die zum Zusammenfassen der Informationen gelernt werden muss, ist die Anwendung von Schemata.

Ein **Schema** ist der graphische Ausdruck der grundlegenden Ideen auf strukturierte Weise.

Schemata erlauben
- Daten ordnen und organisieren
- Kurzinformation eines Themas geben
- Wichtige Informationen organisieren und hierarchisieren

Die Anwendung von Schemata erleichtert
- das Verständnis der Inhalte
- die nachfolgenden Wiederholungen
- die Unterstützung des Gedächtnisses

Nimm einen Text, den du bereits zu lesen begonnen hast und den du unterstrichen hast. Zur Erarbeitung eines Schemas des Gelesenen gehe so vor:

1. Lege einen Titel fest, der klar und verständlich sein soll.
2. Notiere mit kurzen und aussagekräftigen Sätzen das Wichtigste.
3. Füge weitere notwendige Ideen für die Entwicklung des Hauptarguments hinzu. Dabei zunächst vom Allgemeinen zum Spezifischen vorgehen und die logische Sequenz der Lektüre finden (Themen und Unterthemen).
4. Drücke mit deinen Worten und möglichst konkret die Konzepte, Definitionen und wesentlichen Charakteristika aus.
5. Verbinde diese Ideen bereits in einem Schema. Dafür solltest du das Modell, das sich dem Inhalt des Textes am besten anpasst, aussuchen. Es gibt dafür verschiedene Typen von Schemata.

Im Weiteren werden einige Typen von Schemata aufgezeigt:

a) **Schlüsselschema**: Dieses Model kann angewendet werden, wenn es wenig Information gibt. Die Hauptideen befinden sich auf der linken Seite des Schemas und nach der rechten Seite hin öffnen sie als „Schlüssel"-ideen weitere Bereiche, in denen die wichtigen Sätze bzw. Begriffe zu den entsprechenden Kategorien oder Hauptideen enthalten sind. Wir geben hier ein Beispiel aus der Medizin.

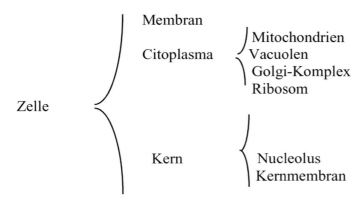

b) **Pfeilschema**: Es wird verwendet, wenn Ideen, Aspekte oder Inhalte den Ursprung weiterer Aspekte bilden. Deshalb sollten die Pfeile so ausgerichtet werden, dass sie von den Hauptideen in die Richtung der Unterthemen zeigen.

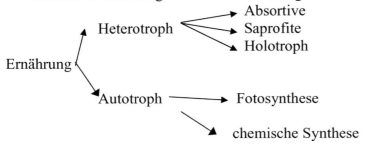

c) **Konzeptionelle Landkarte**: Dies ist eine effektive Art, Informationen zusammenzufassen, indem eine Hierarchie unterschiedlicher Allgemeinheitsniveaus aufgestellt wird. Die Begriffe und Schlüsselworte werden in Kreisen und Quadraten, die als Knotenpunkte fungieren, eingeschlossen. Anschließend werden semantische Beziehungen zwischen ihnen erschlossen. Es gibt mehr als nur eine Art, dies zu tun, und im Allgemeinen ist die vollständige Grafik nicht symmetrisch.

Nimm einen Text, den du bereits zu studieren begonnen hast und den du unterstrichen hast. Zur Erstellung einer konzeptionellen Landkarte nimm folgende Schritte vor:

1. Identifiziere die Hauptbegriffe und liste sie auf.
2. Notiere jeden Begriff der Liste auf einem Stück Papier. (Diese Technik dient dazu, auf konkrete Weise zu visualisieren, wie die Begriffe angeordnet werden können. Es ist empfehlenswert, beim ersten Mal so vorzugehen).
3. Bringe die Begriffe in eine Ordnung vom Allgemeinen zum Spezifischen.
4. Wenn ein Konzept in zwei oder mehr Begriffe unterteilt werden kann, solltest du diese in der gleichen Zeile darstellen. Es sollte auf diese Weise weiter vorgegangen werden, bis alle Begriffe untergebracht wurden.
5. Verbinde die Konzepte mit Linien. Auf den Linien kannst du Sätze oder Schlüsselwörter notieren, die die Art der Verbindung zwischen den Konzepten kennzeichnen.

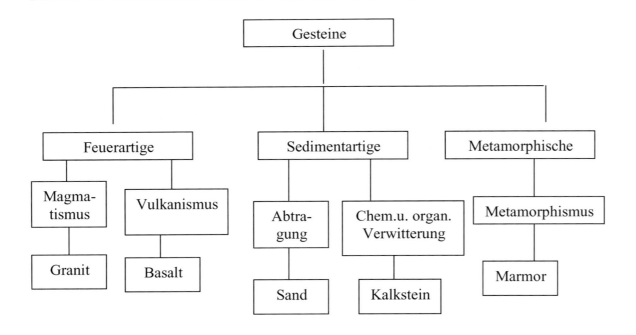

5 ARBEITSPLAN (Santa Clara)

Am Anfang der Arbeit im Tutorium stehen Überlegungen zur Planung:

> Wie soll die Arbeit organisiert werden, wo soll begonnen werden?
> - Soll ich warten, dass der verantwortliche Dozent mir einen Zeitplan anbietet?
> - Soll ich ihm/ihr einen Vorschlag zu einem Zeitplan für das Fach machen, entsprechend des Ablaufs, den er mir gegeben hat?
>
> Um einen Arbeitsplan zu gestalten, sollte ich zuerst meine Studierenden kennen lernen. Woher soll ich aber wissen,
> - was sie gelernt haben und wie sie lernen,
> - welche Fähigkeiten zum Literaturstudium und welches Textverständnis sie haben,
> - welche Probleme sie haben,
> - mit welchen Stärken ich rechnen kann?

?

Für das Tutorium sollte der Tutor/die Tutorin einen spezifischen Arbeitsplan haben, der in Zusammenarbeit mit dem Dozenten/der Dozentin des Kurses erarbeitet wurde. Dafür ist notwendig:

a) die akademischen Erfahrungen der Studierenden zu kennen, ihre Erwartungen und Bedürfnisse im Tutorium bezüglich der Fähigkeiten zum Literaturverständnis, des Schreibens und der wissenschaftlichen Diskussion, ihre Studiensituation und ihre Probleme, aber auch Potenziale kennen zu lernen;
b) zu bestimmen, welche Aspekte in den Arbeitsplan einbezogen werden sollen. Es ist wichtig, dass du dafür
   - die Grenzen und die Reichweite der Aufgaben deines Tutoriums festlegst,
   - beachtest, dass es im Tutorium im Wesentlichen um die Verbesserung der akademischen Qualität geht,
   - Aspekte der studentischen Lebensweise berücksichtigst.

5.1 Vorkenntnisse und Erwartungen der Studierenden

Die Tutoriumsarbeit kann nur auf der Grundlage ausreichender Informationen über die Gruppe, mit der du zusammenarbeiten wirst, gut vorbereitet und effektiv durchgeführt werden. Um mehr darüber zu erfahren, ist Diagnostik notwendig. Was aber bedeutet das für Tutoren?
Lernen ist ein Prozess, in dem neue Kenntnisse und Fähigkeiten auf Basis der bereits bestehenden und von einfacheren bis zu komplexeren entwickelt werden, weshalb es nicht möglich ist, diesen Prozess zu lenken und zu unterstützen, ohne zu wissen, ob die Studierenden die notwendigen Vorkenntnisse haben, ob es möglich ist, auf eine bereits entwickelte Fähigkeit aufzubauen, um eine neue zu erlangen, und ob eine bestimmte Aufgabe oder eine praktische Aktivität auf der Basis vorhandener Kenntnisse durchgeführt werden kann.

Darüber hinaus wäre es gut zu wissen, welches die Motive, Interessen, Eigenschaften und das Verhalten der Studierenden sind und welche Probleme sie haben, die ihr Lernen beeinflussen und behindern könnten, und wie eine solche Diagnose so durchgeführt werden kann, dass die enge Verbindung zwischen kognitiven, affektiven, motivationalen und situativen Faktoren berücksichtigt wird.

Zu bedenken ist, dass der Schwerpunkt der Arbeit von Tutoren in der Unterstützung des Studierens liegt, so dass wir uns auch vor allem um die Diagnose des Lernens bemühen sollten. Diese Diagnose ist nicht nur darauf gerichtet, die Vorkenntnisse der Studierenden zu ermitteln, sondern auch darauf, wie sie ihre Kenntnisse verwenden, wie sie lernen und welche Studiergewohnheiten und –methoden sie haben.

Tutoren benötigen einige pädagogische und psychologische Kenntnisse, um die hier beschriebene Diagnose in Angriff nehmen zu können. Es handelt sich nicht um komplexe diagnostische Methoden und Techniken, sondern um das Diagnostizieren in der direkten Interaktion mit den Studierenden, um die Beobachtung ihrer Arbeitsweise, ihres Verhaltens, die Anwendung inhaltlicher Prüfungen und, falls notwendig, einiger einfacher Fragebögen.

Für eine inhaltliche Prüfung sollten die in Kapitel 4.2.3 (Die Bewertung des Lernfortschritts in den Sitzungen) beschriebenen Empfehlungen genutzt werden. Die Analyse der Antworten zu diesen inhaltlichen Prüfungen sollte anhand einer Auflistung notwendiger Kenntnisse vorgenommen werden. Das heißt, es muss konkret bestimmt werden, was die Studierenden beherrschen sollen. Dies erlaubt, ihre Kenntnisse und Fähigkeiten möglichst klar diagnostizieren zu können.

Es handelt sich aber nicht nur darum, was die Studierenden wissen, sondern auch darum, welches ihre Einstellungen zum Lernen (s.a. Kap. 4.2.1), zur Universität, zu sich selbst und den anderen Studierenden gegenüber sind. Hier können drei Bereiche unterschieden werden: Lernmotivation (s.a. Kap. 4.2.4), Zufriedenheit mit der Universität und akademisches Selbstverständnis (vgl. Castellanos 2001).

Skala der Lernmotivation:
- positive Orientierung auf Lernaufgaben
- Konzentration im Unterricht
- Positive Einstellung zu Aufgaben

Skala der Zufriedenheit mit der Universität:
- Freude am Universitätsleben
- Wahrnehmung der sozialen Akzeptanz durch die Kommilitonen
- Positive Beziehungen zu den Dozenten und Dozentinnen

Skala des akademischen Selbstverständnisses:
- Fähigkeit zur persönlichen Entfaltung
- Sicherheit und Vertrauen in Prüfungssituationen
- Soziale Kompetenzen

Außerdem sollen die folgenden Aspekte bewertet werden:

- Studiergewohnheiten: Zeitplanung des Studiums, Konzentration auf das Studium
- Gewohnheiten des Lesens: Orientierung am Text, Schnelligkeit, Verständnis
- Fähigkeiten zum Zusammenfassen von Informationen: Notizen aus den Texten, Verwenden von Techniken, die die Konzentration auf das Wesentliche erlauben.

In Kapitel 4.3 (Techniken und Strategien des Studiums) wurden die erwähnten Aspekte bereits erörtert.

Für eine Diagnose der oben genannten Bereiche kann auch eine Befragung der Studierenden durchgeführt werden, z.B. unter Anwendung des Fragebogens, der in Anhang 1 dargestellt wird. Es wird auch empfohlen, einen systematischen Beobachtungsprozess mit einem Themenleitfaden durchzuführen, wie er in Anhang 2 vorgestellt wird.

5.2 Die Ausarbeitung des Arbeitsplans

Die Diagnose der akademischen Ausgangslage der Studierenden ermöglicht es den Tutoren, für jeden der Studierenden die unmittelbar zu erreichenden Ziele und die geeignete und notwendige Hilfe auszuwählen, die Motivation zu erhöhen, den Erfolg zu fördern sowie die sich negativ auswirkenden Eigenschaften zu reduzieren, Wiederholungen zu vermeiden und die Gruppe insgesamt an höhere Anforderungen heranzuführen. Auf dieser Basis sollte der Arbeitsplan für das Tutorium ausgearbeitet werden. Dieser Plan sollte Aktivitäten mit der gesamten Gruppe sowie Aufmerksamkeit für einzelne Studierende einschließen.

Diese bestehen vor allem aus praktischen Aktivitäten. Wenn ein Dozent einen Kurs anbietet, bei dem ihm Tutoren assistieren sollen, sollte dieser ihnen die Durchführung der praktischen Aktivitäten überlassen. Das Tutorium ist im Vorlesungsverzeichnis ausgewiesen, so dass die Studierenden es lediglich in ihren individuellen Arbeitsplan zu den vorgesehenen Zeitpunkten einbinden müssen.

Im Allgemeinen kann so vorgegangen werden:

1. An den angebotenen Vorlesungen des für diesen Kurs verantwortlichen Dozenten teilnehmen,
2. praktische Übungsstunden entwickeln, evtl. auch im Labor und/oder im Feld,
3. die eigenen Stunden planen, was die genaue Kenntnis des Kursprogramms, der grundlegenden Materialien sowie – wenn nötig – weiterer didaktischer Materialien beinhaltet,
4. effiziente Lernstrategien und –techniken (s. Kap. 4.2 und 4.3) vermitteln,
    - entweder in kollektiven Arbeitssitzungen, wo eine Diskussion darüber geführt wird,
    - oder in Einzelsitzungen, um den Gebrauch der Techniken zum Literaturstudium wie zum Zusammenfassen von Information zu üben.

Außerdem könnten Tutoren Aufgaben übernehmen wie:

6. die Teilnahme solcher Studierenden fördern, die sich im Allgemeinen ängstlich zeigen oder Schwierigkeiten beim Verstehen bestimmter Themen haben,
7. persönlich den Lernprozess der Studierenden mitverfolgen, indem von jedem Studierenden einzeln Informationen erbeten werden und ihm gleichzeitig individuelle Aufmerksamkeit ge-

schenkt sowie die Anwesenheit und Teilnahme überwacht wird. Die persönliche Begleitung kann auch außerhalb der Tutorien weitergeführt werden, wenn Sitzungen zu Beratungs- und Orientierungszwecken anberaumt werden,

8. Gruppensitzungen oder auch individuelle Sitzungen zum Thema universitätsinterner Regeln sowie universitärer Dienstleistungen und angemessener institutioneller Hilfeeinrichtungen für die persönliche Entwicklung des Studierenden anbieten,
9. dazu beitragen, dass das akademische Selbstbewusstsein und das Gefühl von Kompetenz gestärkt wird. Dies geschieht und entwickelt sich weiter in jeder einzelnen Sitzung.

Der Arbeitsplan soll Ziele, Aktivitäten, Handlungen und die Zeitplanung enthalten und mit dem verantwortlichen Dozenten abgesprochen sein. Der Dozent/die Dozentin sollte hierzu seine/ihre Meinung äußern, kann Hinzunahme oder Weglassen einiger Inhalte und Ziele vorschlagen sowie Vorschläge zu den Zeitabläufen oder der Durchführung bestimmter Aktivitäten geben.

Es sollte klar sein, dass der Arbeitsplan des Tutors/der Tutorin keinesfalls endgültig ist. Im Gegenteil, im Laufe des Prozesses sollte er evaluiert werden und neue Bedürfnisse sollten berücksichtigt werden, weshalb öfter eine Neuformulierung vorgenommen werden muss, wie in der folgenden Graphik dargestellt:

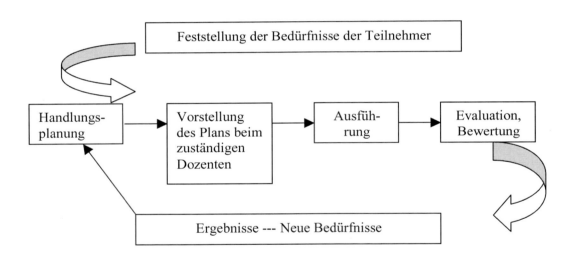

Nachfolgend zeigen wir einen Teil eines Arbeitsplans eines Tutors im Fach Botanik der Pädagogischen Universität Félix Varela in Santa Clara (Kuba).

ZIELE	AKTIVITÄTEN	UHRZEIT
Die Anforderungen des Studienprogramms im Fach kennen lernen	Das Programm des Faches „Strukturelle Botanik" analysieren	Montag 8-12 Uhr, in der Woche vor Beginn des Semesters
Die Lernsituation erheben und weitere mögliche Probleme der Tutoriumsteilnehmer erfassen	1. Mittels einer inhaltlichen Prüfung in Erfahrung bringen, welche Vorkenntnisse für das Fach vorliegen. 2. Systematisch das Verhalten der Teilnehmer im Unterricht und in den Zeiten selbständiger Arbeit beobachten. 3. Eine Umfrage durchführen, um Interessen, Studiergewohnheiten, Erwartungen und Ziele bezüglich des Tutoriums zu ermitteln	Montag 8-12 Uhr, in der ersten Woche des Semesters Permanent, in allen Arbeitssitzungen Donnerstag 8-12 Uhr, in der ersten Woche des Semesters
Zur Entwicklung der praktischen Aktivitäten der Studierenden beitragen	4. Praktische Aktivitäten mit den Teilnehmern entwickeln, wie zum Beispiel Übungsstunden 5. Arbeit im Labor	Entsprechend der vorgesehenen Uhrzeiten an der Universität

a) Hier nennen wir einige Aktivitäten, die du bedenken musst, um einen Arbeitsplan zu erstellen. Bringe sie in die Reihenfolge, in der sie ausgeführt werden sollen.

1. Dem verantwortlichen Dozenten einen Arbeitsplan zur Genehmigung vorlegen.
2. Bei der Erstellung des Plans die Uhrzeiten berücksichtigen, zu denen der Unterricht stattfindet.
3. Eine Überprüfung des Kenntnisstandes der Tutoriumsteilnehmer vornehmen.
4. Die zu planenden Aktivitäten mit den persönlichen Voraussetzungen jedes Einzelnen ein Einklang bringen.
5. Den Plan mit seinen Zielen, Aktivitäten und Uhrzeiten aufeinander abstimmen.

b) Arbeite einen Arbeitsplan für einen Monat aus, der dein tatsächlicher sein kann, wenn du bereits ein Tutorium zugewiesen bekommen hast. Verwende das oben vorgeschlagene Format.

6 EVALUATION DES TUTORIUMS (Flensburg)

Bis jetzt haben wir Themen aus der täglichen Praxis der Tutorien behandelt. In diesem Kapitel wechseln wir zu einer übergeordneten Perspektive, der Evaluation von Tutorien.

Beispiel (Husfeldt et al. 2005):

Die Leitung der Universität Göttingen hat für zwei Jahre der sozialwissenschaftliche Fakultät die Finanzierung bewilligt, um ein Programm für studentische Tutoren durchführen zu können. Das Programm soll das Erlernen wissenschaftlichen Arbeitens und die Integration in den universitären Alltag für die Studierenden der ersten Semester verbessern. Die Durchführung des Programms soll von einer Evaluation begleitet werden. Am Ende der zwei Jahre soll ein Evaluationsbericht erscheinen, auf dessen Grundlage über die Fortführung des Programms entschieden werden soll.
Im Verlauf der Evaluation wurden vier Mal Befragungen mit den Studierenden und drei Mal mit den Tutoren durchgeführt, zehn Tutoriensitzungen wurden beobachtet. Jeder Tutor erhielt die speziellen Ergebnisse für sein eigenes Tutorium, einschließlich einer Bewertung seines Lehrstils und der von ihm präsentierten Inhalte.

Das Beispiel zeigt die Funktion einer Evaluation eines Tutorenprogramms und welche Rolle die Tutoren selbst dabei einnehmen können. Von daher ist es wichtig, dass sie wissen, wie ein solches Programm evaluiert wird.

Evaluation soll feststellen, ob Ziele erreicht worden sind. Die Ziele eines Tutorenprogramms sind vielfältig. Deswegen lassen sich viele Fragen stellen, die bei einer Evaluation beantwortet werden können. Die Tutoren sind nur an einem Teil des gesamten Programms beteiligt, vor allem an Lehrveranstaltungen und Beratung im Rahmen eines Themenschwerpunkts eines Dozenten. Deswegen ist auch ihr Beitrag zur Evaluation etwas eingeschränkt. Da aber alle Teile des Programms zusammengehören, ist es wichtig, dass auch die Tutoren wissen, wie ein Programm als Ganzes evaluiert wird (Rossi/Freeman 1993). Deshalb werden im Folgenden zunächst theoretisch die hauptsächlichen Methoden erläutert, mit denen ein Tutorienprogramm als Ganzes evaluiert wird (Kap. 6.1). Danach wird konkret beschrieben, wie die Tutoren ihre eigene Arbeit evaluieren können (Kap. 6.2).

6.1 Evaluation des kompletten Tutorenprogramms

Ein Unterschied besteht zwischen der Evaluation auf der „Makro"- und der „Mikroebene" des Tutorienprogramms. Die Makroebene beinhaltet die Sicht der Initiatoren des Programms. Im Vordergrund stehen die Absichten, mit denen das Programm begonnen wurde und der effiziente Einsatz der Mittel. Die Mikroebene ist das Interaktionsgeschehen, das während des Programms zwischen den „Klienten" und den „Ausführenden", d.h. hier den Studierenden und den Tutoren, abläuft. Auf beiden Ebenen werden zum Teil unterschiedliche Ziele verfolgt.

> Worin liegen die Unterschiede zwischen der Makro- und Mikroebene einer Evaluation?
> Wie können die Ergebnisse einer Evaluation auf der Mikroebene die Resultate auf der Makroebene beeinflussen?
> Denke über diese Fragen nach, um mehr Klarheit zu gewinnen über die Rolle der Tutoren aus der Perspektive eines Evaluators, der über die Fortsetzung eines Tutorenprogramms entscheiden soll!

Mögliche Ziele von Tutorien:

A. Makroebene:
1. Vermindern der Abgangsrate an der Universität insgesamt oder in den ersten Semestern
2. Verbessern der Durchschnittsnoten in den Examen insgesamt oder in den ersten Semestern
3. Integration der Anfängerstudenten in das universitäre Leben
4. Eingewöhnung der Anfängerstudenten an wissenschaftliche Arbeits-, Denk- und Diskussionsstile
5. Erhöhung des Ansehens der Universität
6. Effizienterer Einsatz der Gesamtkosten für die Lehre
7. Qualifizierung des wissenschaftlichen Nachwuchses (Tutoren und Tutorinnen)

B. Mikroebene:
1. Verbessern des inhaltlichen Verständnisses der Teilnehmer vom Lehrstoff eines bestimmten Gebiets
2. Verbessern der Klausurnoten der Teilnehmer
3. Anregung wissenschaftlicher Selbsttätigkeit bei den Teilnehmern
4. Erkennen von Lernproblemen der Teilnehmer und Lösungsvorschläge dafür
5. Hilfe bei der Integration ins studentische Leben, Orientierung über die universitären Stellen, an denen man persönliche Hilfe bekommen kann

Einige Ziele beider Ebenen hängen zusammen: so wird A 2 im Wesentlichen aus der Aggregation der Ergebnisse von B 2 in allen Tutorien zusammen bestehen, und A 1 wird z.T. von dem Erfolg von B 4 in den Tutorien abhängen.

> Welche der erwähnten Ziele der Mikroebene könntest du dir für dein eigenes Tutorium gut vorstellen?
> Beschreibe, wie einige Ziele der Makroebene vom Erfolg von Zielen der Mikroebene abhängen!

6.1.1 Indikatoren der Makroebene

Auch wenn die Ziele nicht direkt übereinstimmen, werden Daten, die zur Evaluierung von Makro-Zielen notwendig sind, oft von den Teilnehmern der Tutorien erhoben, so dass die Tutoren z.T. auch Evaluationsarbeit für nicht direkt mit ihren Tutorien zusammenhängende Fragen übernehmen müssen, z.B. wenn sie Meinungen der Studierenden über die Universität als Ganzes einholen müssen. Wegen des Zusammenhangs beider Ebenen gibt es auch eine Reihe gemeinsamer Indikatoren[2]. Deshalb sollten die Tutoren einige wichtige Indikatoren kennen, die zur Evaluation auf der Makroebene benutzt werden. Dabei ist zu berücksichtigen, dass auf der Makroebene die Wirkungen des Programms, d.h. die Resultate und die Effekte auf die Teilnehmer und die universitäre Umgebung das bestimmende Interesse darstellt. Eine Auswahl möglicher Indikatoren, die zur Evaluation auf der Makroebene bei Tutorinnen und auch bei den Studierenden erhoben werden:

A. Reaktionen auf das Tutorenprogramms
   1. Engagement der Tutoren
   2. Lernmotivation bei den Studierenden
   3. Qualität der Betreuung der Studierenden
   4. Zeitaufwand der Tutoren/Studierenden
   5. Generelle Zufriedenheit mit den Tutorien

B. Wirkungen der Tutorien
   1. Studiendauer bis zum Beginn von Prüfungen
   2. Teilnehmerzahlen der besuchten Veranstaltungen
   3. Anzahl bestandener/wiederholter Prüfungen
   4. Durchschnittsnoten bei Prüfungen
   5. Teilnehmerzahlen an studienbegleitenden Aktivitäten

C. Wirkungen auf die universitäre Umgebung
   1. Erhöhung der Zahl der an Tutorien teilnehmenden Studierenden (wenn sie nicht obligatorisch sind)
   2. Engagement der Professoren im Hinblick auf die vorhandenen und weitere Tutorien
   3. Empfehlungen der Studierenden an Kommilitonen für den Besuch der Tutorien

Diese Indikatoren können sowohl einmalig als auch in ihrer Entwicklung ausgewertet werden, je nachdem, wann und wie oft sie erhoben werden:

- Gegen Ende jedes Semesters
- Mehrfach während des Semesters

Als Beispiel, wie man einen solchen Indikator verwenden kann, sei angenommen, dass die Teilnehmer des Tutoriums A an doppelt so vielen Seminaren im Semester teilnehmen wie im Tutori-

---

[2] „Indikatoren" nennt man Messungen, die das Ausmaß einer Wirkung messen, für die genaue Bedeutung s. Kap. 6.2.2.2

um B. Dann könnte eine schlechtere Leistung im Tutorium B auch daran liegen, dass die Teilnehmer einfach zu viel andere Termine haben, und nicht am Tutor und seinem Unterricht.

> Wie könntest du einige der obigen Indikatoren nutzen, um eine Bewertung deines Tutoriums zu relativieren? **?**

6.1.2 „Weiche" und „harte" Indikatoren

Die Indikatoren beziehen sich auf unterschiedliche Arten der Wirkung von Tutorien: die Indikatoren A beziehen sich auf die „Reaktionswirkung", die persönlichen Meinungen über das Tutorium oder die eigenen Aktivitäten, auch „weiche" Indikatoren genannt, weil sie auf Auskünften der Befragten über sich selbst beruhen. Die Indikatoren B gelten dagegen als „hart", weil sie konkrete Zahlen angeben, die mit der „Erfolgswirkung" des Tutoriums zusammenhängen. In C wiederum finden sich Indikatoren, die die Annahme des Programms als Ganzes wiedergeben sollen, die „externe Wirkung".

Auf der Mikroebene kommen vor allem weiche Indikatoren zum Einsatz, weil hier die Reaktion der Teilnehmer auf das Angebot der Tutoren im Mittelpunkt der Evaluation steht

6.2 Evaluation auf der Mikroebene

Die Evaluation auf der Mikroebene der Tutorien erfolgt im Wesentlichen durch Befragungen der Teilnehmer, sowohl der studierenden Teilnehmer als auch der Tutoren (Abs et al. 2000). Sie findet deshalb auch meist innerhalb eines einzigen Semesters statt, außer wenn die Tutorien auf mehrere Semester mit demselben Tutor ausgelegt sind.

Für die Evaluation von Tutorien gibt es schon eine Reihe von ausgearbeiteten Evaluationsfragebögen (ANUIES 2000, Anhang 5). Man kann aber die Daten, die ein Fragebogen ergibt, nicht gut interpretieren, ohne in Grundzügen etwas über die Erstellung eines Fragebogens zu wissen. Man sollte angeben können, weshalb gerade diese Fragen in dieser Weise gestellt worden sind, und weshalb diese Erhebungsmethode gewählt wurde. Das wird ab Kap. 6.2.1 behandelt.

Darüber hinaus gibt es weitere Gelegenheiten, bei denen Tutoren vorbereitet sein müssen, selbst einige Fragen eines Fragebogens zur Evaluation zu entwickeln:

- Bei wiederholten Evaluationen sollten die Evaluationsmethoden und z.B. auch ein Fragebogen variiert werden, da sonst das Interesse und die Beteiligung der Teilnehmer an Evaluationen auf die Dauer nachlässt.
- Die Tutoren werden auch ihre Tutorien je nach der zu behandelnden Materie, z.B. reine interpretative Literaturarbeit, praktische Laborarbeit oder Werkstatt zur Schreib- und Lesefähigkeit etc., ganz unterschiedlich gestalten müssen. Deswegen wird es häufig der Fall sein, dass

die Tutoren für die Evaluation ihrer Tutorien nicht nur „Standard"- Fragen aus existierenden Fragebögen nehmen, sondern eigene Fragen stellen wollen.
- Oft müssen Fragebögen anderer Universitäten an die spezielle Situation der eigenen Universität angepasst werden.

6.2.1 Themenbereiche einer Mikro-Evaluation

Das generelle Thema der Evaluation der Arbeit der Tutoren ist, inwieweit die konkrete Art der Durchführung des speziellen Tutoriums einer Tutorin für alle Beteiligten einen Zugewinn für ihre Arbeit an der Universität gebracht hat.

Dieses Thema betrifft sowohl die Studierenden als auch die Tutoren selbst und ihre Arbeitsbedingungen. Deshalb wird im Folgenden zwischen den beiden Gruppen unterschieden: den Tutoren (Kap. 6.2.1.1) und den studentischen Teilnehmern (Kap. 6.2.1.2).

6.2.1.1 Für die Tutoren

Für die Tutoren spielt die Interaktion mit den Studierenden eine wesentliche Rolle, also z.B. die Frage, wie sie mit der für sie neuen Situation als Lehrende zurechtkamen und wie weit sie ihre Aufgaben, einerseits Lehrstoff zu vermitteln, aber andererseits gleichberechtigter Ansprechpartner zu sein, integrieren konnten. Hierbei kommt es auch darauf an, ob sie ausreichend auf ihre Tätigkeit vorbereitet wurden, z.B. mit einer eigenen Qualifizierungseinheit für zukünftige Tutoren, und ob sie vom zuständigen Dozenten genug Unterstützung bekamen.

Weiter wichtig ist die Einschätzung der konkreten Arbeit im Tutorium: waren die Lehrmittel adäquat, waren die Themen angemessen, konnten sich die Studierenden optimal entfalten?

Daraus ergeben sich einige Themen für eine Befragung der Tutoren:
- Zusammenarbeit mit den zuständigen Dozenten/-innen
- Art und Ziele des Tutoriums
- Schwerpunkte der eigenen Arbeit mit den Studierenden
- Arbeitsaufwand der Tutoren
- persönlicher Nutzen (fachlich, individuell) aus der Arbeit als Tutorin
- Verhältnis zu den Studierenden
- Bewältigung der Anforderungen als Tutorin
- Vorhandene Lehr-/Lernmittel (Räume, Kopien, Vorlagen, Folien, ...)
- Einschätzung der Mitarbeit der Studierenden
- Einschätzung des Nutzens für die Studierenden
- Gesamtbeurteilung aus der Sicht der Tutorin
- soziale und studentische Merkmale (Geschlecht, Alter, Semesterzahl, Fach, Stipendiat?,...)
- Beurteilung der Vorbereitung der Tutoren (z.B. Qualifizierungsseminare)

Weitere Fragestellungen ergeben sich aus den spezifischen Lerninhalten und Strukturen des Tutorenprogramms.

6.2.1.2 Für die Studierenden

> Was sind deiner Ansicht nach die wichtigsten Punkte einer Evaluation deines Tutoriums?
> Gibt es noch andere Themen, über die du die Meinung der Studierenden herausfinden willst?

Bei einer Befragung der Studierenden steht der Gewinn, den das Tutorium für ihr Studium einbringt, im Vordergrund. Außerdem können sie als die „Betroffenen" am ehesten ein Urteil darüber abgeben, inwieweit die Art und Weise der Durchführung der Tutorien diesem Ziel der Verbesserungen und Erleichterungen ihrer Studienarbeiten genutzt hat. Entsprechend ergeben sich u.a. folgende Themenkomplexe:

- Fragen zu den Inhalten der Tutorien
- Fragen zu Ordnung und Struktur der Tutorien
- Fragen zur didaktischen Kompetenz der Tutorin
- Fragen zur Sozial- und Persönlichkeitskompetenz
- Fragen zum Motivierungsvermögen
- Fragen zur Wirkung des Tutoriums auf die eigene Studierfähigkeit
- Kontrollfragen zum Studienverhalten
- Gesamtbeurteilung

Weitere Fragestellungen ergeben sich aus den spezifischen Inhalten der Tutorien, z.B. Hilfe bei Klausurvorbereitungen oder zu Bibliotheksführungen,. Kommunikation der Tutoren untereinander (wenn die Struktur das zulässt) oder Erreichbarkeit der Tutoren außerhalb des Stundenplans etc. etwa bei durchzuführenden Praktika oder längeren Hausarbeiten etc etc.

> Formuliere ein paar Fragen, mit denen die Studierenden deine Fähigkeiten zur Motivierung beurteilen sollen.

Die Bewertung der genannten Themen wird dann durch Fragebögen mit speziellen Fragen, die sich auf die einzelnen Themen beziehen, sog. Indikatoren, vorgenommen, wobei die Tutoren selbst und die studierenden Teilnehmer verschiedene Fragebögen bekommen. Die entsprechenden Fragen werden entweder aus vorliegenden Evaluationsfragebögen entnommen oder selbst entwickelt, wie im Folgenden beschrieben.

6.2.2 Erstellen eines Fragebogens zur Evaluation des eigenen Tutoriums

Der methodische Aufwand zur Entwicklung eines eigenen Fragebogens zur Evaluation ist in der Regel nur dann gerechtfertigt, wenn die benötigten Informationen nicht leichter auf andere Weise, z.B. mitt schon vorhandenen Evaluationsinstrumenten, beschafft werden können. Da viele Tutorien spezielle Inhalte und Verfahren haben, müssen oft auch über die „Standard"-Fragen hinausgehende besondere Themen evaluiert werden. Deswegen ist es wichtig, dass die Tutoren in der Lage sind, auch eigene Teile eines Evaluations-Fragebogens zu entwickeln.

Bei der Vorbereitung von Befragungen kann man sich an einige Grundsätze halten, die in der empirischen Sozialforschung gelehrt werden (Hernandez et al. 1998) und die auch für Befragungen bei Evaluationen gelten. Grundsätzlich wird unterschieden zwischen quantitativen, standardisierten Vorgehensweisen und qualitativen, offenen Verfahren. Ein durchformulierter Fragebogen mit vorgegebenen Antwortvorgaben, wie er am gebräuchlichsten ist, fällt unter die erste Kategorie. Er kommt auch deswegen so oft zur Anwendung, weil in Tutorienprogrammen meist sehr viele Studierende teilnehmen, so dass offene Einzelinterviews aus zeitlichen und personellen Gründen nicht in Frage kommen, dagegen alle leicht einen kurzen Fragebogen ausfüllen können.

6.2.2.1 Formulierung von Forschungsfragen

Bei beiden Vorgehensweisen ist am Anfang die Formulierung einer „Forschungsfrage" oder hier genauer „Evaluationsfrage" in Bezug auf die durch die Befragung aufzuhellenden Fragstellungen bzw. Themen ein wichtiger Punkt. Im Allgemeinen kann man desto bessere Ergebnisse erwarten, je klarer die Forschungsfrage, d.h. „Was wollen wir eigentlich wissen?", ist. Allerdings ist es manchmal auch unmöglich, genaue Fragen zu stellen, wenn durch die Befragung erst herauskommen soll, was besonders zu berücksichtigen ist. Bei einer Evaluation ist es im Prinzip einfach: die Ziele des zu evaluierenden Programms sollten vorher klar sein, so dass man genau fragen kann, welche Ziele erreicht worden sind. Im Detail gibt es aber oft mehrere Ziele, die sich z.T. widersprechen, und verschiedene Personengruppen, die die Ziele unterschiedlich bewerten, so dass sie sich widersprechen. Das muss vorher geklärt werden.

Die Entwicklung einer Fragestellung kann aus der Durchsicht ähnlicher Programme, aus Theorien über den Gegenstand, aus Literaturstudium oder aus der Alltagspraxis kommen. Für Tutorienprogramme wird vor allem Letzteres der Fall sein, so dass ein „Brainstorming" aller beteiligten Tutoren – z.B. während einer Vor- oder Nachbereitungsveranstaltung oder während eines Qualifizierungskurses - zu einer Reihe von Fragestellungen führen kann. Bei dieser Sammlung von Aspekten kann so vorgegangen werden, dass alle beteiligten Tutoren einzeln 10 min. lang Kärtchen ausfüllen, auf denen sie persönliche Antworten auf die Frage: „Zu welchem Zweck evaluiere ich mein Tutorium?" notieren, die dann eingesammelt und auf einer Pinwand zu Gruppen von ähnlichen Antworten gruppiert werden (sogenannte Metaplantechnik). Aus diesen Gruppierungen können sich dann neue Fragestellungen ergeben. Bei der Formulierung sollten die Kriterien für die Güte einer Forschungsfrage beachtet werden:

- Klarheit, Eindeutigkeit
- Spezifizierbarkeit, Verbindung mit realen Ereignissen
- Beantwortbarkeit (gibt es „Daten" als Antworten)

- Soziale oder theoretische Relevanz (Bedeutung für die Evaluation)
- Durchführbarkeit (begrenzte Ressourcen)

> Formuliere einige Forschungsfragen zur Evaluation deines Tutoriums unter Beachtung der obigen Kriterien!

So ist die Frage „Welchen Erfolg hatte das Tutorenprogramm" zwar klar und auch durch eine Reihe von Indikatoren (s.o.) spezifizierbar, aber meistens auf der Grundlage der Daten, die den Tutoren zur Verfügung stehen oder von ihnen erhoben werden können, nicht vollständig beantwortbar. Besser beantwortbar ist z.B. die Frage: „Welchen Erfolg hatte meine Lehrtätigkeit im Tutorium bei meinen Studierenden?"

Die Fragestellungen sollten immer als explizite Frage formuliert werden, weil dadurch oftmals erst klar wird, ob wirklich verschiedene Antworten möglich sind oder nicht nur eine Vermutung bestätigt werden soll. „Die Studierenden, die nur selten teilgenommen haben, können überhaupt kein solides Urteil abgeben" ist keine Frage, sondern eine Hypothese. Diese Vermutung könnte im Rahmen der Fragestellung: „Wovon hängt die Qualität einer Tutoriums-Beurteilung ab?" zusammen mit anderen Hypothesen überprüft werden, wobei zunächst offen ist, welchen Einfluss die Teilnahmehäufigkeit hat, wenn man andere Ursachen gleichzeitig einbezieht.

> Bewerte deine Forschungsfragen aus der vorigen Übung gemäß den eben genannten Kriterein. Wie explizit waren dein Fragen?

Fragestellungen muss man unterscheiden danach, ob sie nach der Beschreibung (Deskription) oder nach der Erklärung eines sozialen Ereignisses fragen. Im Fall einer Beschreibung beginnen die Forschungsfragen z.B. mit „Wie viele sind...?", „Gibt es..." oder „Wie oft...?". Bei Tutorienprogrammen interessiert oft nur deskriptiv, ob und wie stark sie die Ergebnisse der Lehre und die Integration der Studierenden verbessern, und weniger die Erklärungen dafür, weil davon ausgegangen wird, dass die Ursache für die Verbesserung klar ist, nämlich im gesamten Tutorienprogramm liegt.

Bezogen auf die einzelnen Tutorien würden Fragen nach Erklärungen darauf hinauslaufen, Gründe für den Erfolg oder Misserfolg des eigenen Tutoriums im Vergleich zu den Tutorien anderer Tutoren und Tutorinnen herauszufinden. Im Fall von Erklärungen beginnen die Forschungsfragen mit „Warum...?" „Was ist der Grund für...?" „Wovon hängt --- ab?" etc. Bei der Frage nach Erklärungen müssen mindestens zwei unabhängige Indikatoren erhoben werden: eine Ursache („unabhängige Variable") und eine Wirkung („abhängige Variable"). Im Beispiel oben wären das der „Erfolg" (abhängig) auf der einen Seite, und mindestens eine „Ursache" auf der anderen Seite. Die Ursache kann z.B. die Anzahl der Teilnehmer oder die Schwierigkeit der zu lesenden Texte sein. Nach der Erhebung von Daten zu beiden Variablen kann man testen, ob eine Beziehung zwischen ihnen besteht. Wenn ja, so bedeutet das in diesem Beispiel zu testen, ob die Tutorien als um so erfolgloser bewertet werden, je größer die durchschnittliche Teilnehmerzahl pro Tutorin ist, oder je schwieriger die Texte sind.

Sollen Erklärungen für ein soziales Ereignis gefunden werden, muss darauf geachtet werden, dass zu beiden Indikatoren in ausreichendem Maße Fragen formuliert werden, und vor allem, dass sie unabhängig voneinander erfragt werden.

Die Trennung zwischen Deskription und Erklärung ist jedoch nicht von großer praktischer Bedeutung. Für die Deskription werden fast immer Fragen zu einzelnen Aspekten der Qualität und der Durchführung des Tutoriums erhoben. Die Antworten geben dann oft auch Hinweise darauf, welche Aspekte nicht optimal waren, und so können diese Fragen im Nachhinein (ex post) auch in eine Analyse der Ursachen einbezogen werden.

> Nimm einmal an, dein Tutorium läuft nicht gut. Welcher Typ von Fragestellung ist notwendig, um die Gründe dafür herauszufinden? **?**

> Teile deine Forschungsfragen auf in solche deskriptiver und solche explikativer Art.

6.2.2.2 Auswahl von Indikatoren und Items

In jeder Forschungsfrage sind Begriffe enthalten, die in irgendeiner Weise „gemessen" bzw. bei Evaluationen „bewertet" werden müssen, um die Forschungsfrage beantworten zu können. Bei einer Forschungsfrage wie z.B. „Welchen Erfolg hatte meine Tätigkeit als Tutor?", wären das die Begriffe „Erfolg des Tutoriums" und „Tätigkeit als Tutor". Man misst die Begriffe durch sogenannte „Indikatoren". Das sind Merkmale von Personen oder Objekten, die mit dem Begriff stark zusammenhängen und messbar sind. Sei die Fragestellung z.B. „Wird der Erfolg der Tutorien durch die Zusammenarbeit zwischen Dozent und Tutoren beeinflusst?", so müssen Indikatoren für „Erfolg des Tutoriums" und „Zusammenarbeit zwischen Dozent und Tutor" gefunden werden.

Viele Begriffe sind zu mehrdeutig. Das Wort „Erfolg" kann verschiedene Aspekte (Dimensionen) meinen, abhängig u.a. von den Personen, auf die es angewendet wird. Die verschiedenen Bedeutungen von „Erfolg" können gemessen werden durch eine Reihe von Zielen sowohl auf der Makro- als auch auf der Mikroebene. Zunächst muss deshalb ein Ziel ausgewählt werden, z.B. kann ein Aspekt der Arbeit der Tutoren - ihre didaktische Kompetenz – als Indikator ihres Erfolgs untersucht werden. Auf diese Weise wird die Forschungsfrage spezifiziert und verändert in die Frage, inwieweit die Zusammenarbeit mit dem Dozenten die didaktische Kompetenz der Tutoren beeinflusst. Damit müssen dann Indikatoren für die Begriffe „didaktische Kompetenz" und „Zusammenarbeit mit dem Dozenten" gefunden werden.

Die meisten Begriffe kann man nicht direkt als messbaren Indikator verwenden. Wenn es sich um „Arbeitsbelastung" handelt, kann direkt „Stunden pro Woche" als Indikator genommen werden. Aber man kann die Studierenden nicht direkt nach der didaktischen Kompetenz des Tutors fragen. Dafür wählt man konkrete Ereignisse oder Handlungen an bestimmten Orten und Zeiten, die mit dem Indikator verbunden sind. Solche konkreten Ereignisse, an die sich die Befragten erinnern können, lassen sich leichter einschätzen bzw. bewerten. Eine Person mit didaktischer Kompetenz kann zum Beispiel auch schwierige Sachverhalte erklären. Ein Indikator für „Einschätzung der Didaktik" wäre deshalb, inwieweit der Tutor komplizierte Sachverhalte gut erklären kann. Es gibt Beispiele für weitere Indikatoren zur didaktischen Kompetenz im Anhang 5 (Fragebogen der Universität Göttingen, Punkt 3: der Tutor). Zwei Indikatoren für „Zusammenarbeit mit dem Dozenten" wären z.B. die Zeit, die Tutoren und Dozent zusammen verbringen, und der Umfang der Materialien, die der Dozent den Tutoren zur Vorbereitung zur Verfügung stellt. Oft benötigt man mehrere Indikatoren, um einen Begriff zu messen.

Nach der Festlegung der Indikatoren gibt man ihnen die explizite Form, in der sie auf dem Fragebogen erscheinen sollen. Diese Form nennt sich „Item" eines Indikators. Das Item für den obigen Indikator der didaktischen Kompetenz könnte sein: „der Tutor kann schwierige Sachverhalte gut erklären". Ein Item für Zusammenarbeit wäre: „Anzahl Stunden pro Woche, an denen Zusammenkünfte der Tutoren mit dem Dozenten stattfinden".

Bis hierher ist die Arbeit, die notwendig ist, sowohl quantitative Fragebögen als auch qualitative Befragungen zu entwickeln, etwa dieselbe. Am Ende kann man jedes Item zurückführen über die Indikatoren und Begriffe auf eine der anfangs gestellten Forschungsfragen. Das heißt, in einem guten Fragebogen sollte keine Frage sein, von der unklar ist, was man damit herausfinden will.

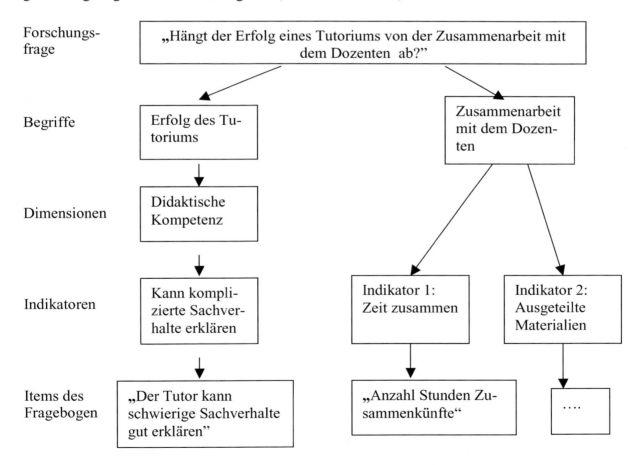

Schema: Relation zwischen Items eines Fragebogens und Forschungsfrage

> Wähle eine Forschungsfrage aus.
> Bestimme die wichtigen Begriffe in dieser Frage.
> Benenne mindestens zwei Indikatoren für jeden Begriff.

6.2.2.3 Qualitative Befragungen

In einem offenen Interview hat der Interviewer einen sogenannten „Leitfaden" zur Hand, in dem die Indikatoren, meist ohne erschöpfende Aufspaltung in Items, als „offene" Fragen an den zu Interviewenden gestaltet sind. Das bedeutet, dass der Befragte frei antworten kann und sich ein Dialog zwischen Interviewer und Befragtem entwickelt. In diesem Dialog gibt der Interviewer die Richtung gibt an. Der Interviewer kann zusätzlich weitere Fragen stellen, die sich aus dem Gespräch ergeben, insbesondere wenn sie wichtig für das Thema, d.h. für die Evaluation der Tutorien, sind. Es ist eines der Ziele offener Interviews, solche Erweiterungen und neue Aspekte des Themas herauszufinden. Ein weiteres Ziel ist, Motive und Begründungen der Interviewten für ihr Handeln im Zusammenhang mit dem Thema herauszufinden, also z.B. Motive für die Teilnahme an Tutorien oder Begründungen für ihre Bewertungen der Tutorien. Da es für die Evaluation von Tutorien weniger wichtig ist, solche individuellen Motive zu kennen, und da auch die Aspekte, unter denen die Evaluation durchgeführt werden soll, weitgehend vorgegeben sind, spielen qualitative Interviews bei der Evaluation von Tutorien nur eine geringe Rolle. Sie können aber im Vorfeld einer Evaluation dazu dienen, einige wichtige Begriffe zu klären, z.B.

- Was versteht die Dozenten unter einem „guten" Tutorium"
- Welche persönlichen Erwartungen und Probleme haben die Tutoren in Bezug auf ihre Arbeit?
- Was erwarten die Dozenten von ihren Tutoren?

6.2.2.4 Quantitative standardisierte Fragebögen: Formulierung der Items

Bei der Formulierung von Items und einzelnen Fragen sind einige Punkte zu berücksichtigen. Die Leitfrage bei der Formulierung eines Items bzw. einer Frage sollte sein: Was kann ich nach der Befragung mit den Antworten anfangen? Damit soll die Interpretierbarkeit der Antworten im Rahmen einer der Fragestellungen gesichert werden.

Insbesondere bei standardisierten, quantitativen Fragebögen besteht für die Befragten keine Möglichkeit, ihre eigene Interpretation der Frage zu erläutern. Auch werden die Antwortmöglichkeiten oft strikt vorgegeben. Deshalb müssen Fragen und vorgegebene Antwortmöglichkeiten so gestaltet werden, dass sie eindeutig sind und alle möglichen Antworten einschließen. Kriterien dafür sind:

- Kurz, verständlich, hinreichend präzise, so konkret wie möglich
- Keine doppelten Verneinungen
- Antwortkategorien passend
- Vorsicht bei wertbesetzten Begriffen („undemokratisch", „diskriminierend",…)
- Nur eindimensional (keine zwei Sachverhalte in einer Frage)
- Positive und negative Formulierungen mischen
- Keine Überforderung der Befragten

Einige Beispiele:

Item zu den Inhalten der Tutorien:
„In diesem Tutorium wurden Zusammenhänge zwischen einzelnen Inhalten deutlich."

Item zu Ordnung und Struktur der Tutorien:
„Was zu Beginn angekündigt wurde, stimmte mit der Veranstaltung überein."

Item zur didaktischen Kompetenz der Tutorin:
„Die Tutorin berücksichtigte das Vorwissen der Teilnehmer."

Item zur Sozial- und Persönlichkeitskompetenz:
„Der Tutor kann zuhören."

Item zum Motivierungsvermögen:
„Die Tutorin ermutigt die Teilnehmer zu fragen."

Kontrollfragen zu Studierendenverhalten:
„Für das Tutorium habe ich ca… Stunden die Woche gearbeitet."

Items zur Gesamtbeurteilung:
„Ich beurteile das Tutorium insgesamt mit der Note …"

„Meine Erwartungen an das Tutorium wurden bestätigt."

6.2.2.5 Quantitative standardisierte Fragebögen: Formulierung der Antworten

Wichtig ist auch die Art und Weise, in der die Antworten vorgegeben werden. Davon abhängig ist oft auch die Reichweite der Möglichkeiten statistischer Auswertungen. Die häufigste Art ist die Likert-rating-Skala, eine Fünfer-Skala, in der die Zustimmung oder Ablehnung zu einer Feststellung abgestuft werden kann:

Item: „Der Tutor war hilfreich bei der Motivation für das Studium"

Antwort: O —— O —— O —— O —— O —— O
Stimme voll zu   Stimme überhaupt nicht zu

Wichtig ist, dass die möglichen Antworten (Ankreuzpunkte) zwischen den Extremen nicht bezeichnet werden. Damit soll suggeriert werden, dass die Abstände zwischen den Bewertungspunkten gleich lang sind. Zu beachten ist weiterhin, dass eine Skala mit einer ungeraden Anzahl von Möglichkeiten eine neutrale „Mitte" (als „teils – teils" oder „weder – noch" bezeichnet) zulässt, während bei einer geraden Anzahl eine Entscheidung in Richtung eines der beiden Extreme erzwungen wird.

Andere Antwortmöglichkeiten sind nur ja/nein - Entscheidungen oder ein „Ranking", wobei der Befragte gebeten wird, eine kleine Anzahl von Statements der „Wichtigkeit" oder der „Güte" nach zu ordnen, z.B. :

„Was war für Sie im Tutorium am wichtigsten (1), zweitwichtigsten (2) und drittwichtigsten (3)? Schreiben Sie die Zahlen 1 bis 3 vor die entsprechenden Sätze:
( )   Die Nachbereitung der Inhalte der Vorlesung des Dozenten
( )   Die Vorbereitung auf die Klausur
( )   Wissenschaftliche Arbeitsweisen zu erlernen (Literaturbeurteilung, Bibliotheksbenutzung, wiss. Ausdrucksweise etc.)"

Eine Antwort-Kategorie, die nicht vergessen werden sollte, ist die Option „weiß nicht". Insbesondere bei Fragen, die für die Beantwortung in irgendeiner Weise Wissen voraussetzen, sollte sie nicht vergessen werden.

Am Ende der standardisierten Fragen wird auch oft eine offene Frage nach den „Stärken und Schwächen" des Tutoriums gestellt, oder eine offene Frage nach „Anregungen für das nächste Tutorium". Die Antworten auf diese Fragen eignen sich vor allem als Kontrolle der standardisierten Antworten und als Einstieg in eine Diskussion über die Ergebnisse.

> Für die Indikatoren aus der vorigen Übung
> - formuliere Items,
> - wähle Antwortmöglichkeiten aus,
> - beschreibe, wie du eine mögliche Antwortverteilung auf ein Item auswerten willst in Bezug auf die Forschungsfrage, zu der das Item gehört.

6.3 Interpretation der Ergebnisse von Fragebögen/Befragungen

6.3.1 Qualitative Interpretation

Bei der Auswertung der Ergebnisse einer qualitativen Befragung kommt es darauf an, die Antworttexte zusammenzufassen und zu strukturieren im Hinblick auf die verschiedenen Qualitäten, die von den Befragten angesprochen wurden. Z.B. kann sich auf die Frage, was unter einem „guten" Tutorium verstanden wird, herausstellen, dass die Dozenten darunter vor allem verstehen, dass eine bestimmte Menge an Lehrstoff vermittelt werden konnte, während die dass eine bestimmte Menge an Lehrstoff vermittelt werden konnte, während die Tutoren darunter verstehen, dass vor allem wichtig ist, dass alle Studierende den Lehrstoff auch bewältigen konnten. Als Ergebnis einer qualitativen Befragung wird deshalb oft eine Anzahl „Kategorien" präsentiert, denen alle Antworttexte zugeordnet worden sind.

Beispiel:
Es wurden offene Interviews mit Dozenten durchgeführt zum Thema: Was verstehen Sie unter einem „guten" Tutorium? Zur Auswertung der Antworten wurden drei Kategorien gebildet, denen die Dozenten zugeordnet wurden, je nachdem, was für sie an wichtigsten war:
Kategorie 1: In einem guten Tutorium lernen die Studierenden die Materie gut.
Kategorie2: In einem guten Tutorium lernen die Studierenden wissenschaftlich zu diskutieren und zu kritisieren.
Kategorie 3: In einem guten Tutorium fühlen sich die Studierenden gut betreut, ohne sich überfordert zu fühlen.

6.3.2 Quantitative Interpretation

Die Auswertung quantitativer standardisierter Fragebogen erfolgt mit Computerprogrammen, die statistische Kennzahlen wie häufigste Werte und Durchschnittswerte der Antwortskalen und durchschnittliche Streuungen der Antworten ermitteln. Mit Hilfe dieser Kennzahlen können einerseits die Beurteilungen „absolut", d.h. im Verhältnis zur Antwortskala, interpretiert werden. Ein Durchschnittswert von „4" auf einer Antwortskala von „Stimme gar nicht zu" (Wert 1) bis „Stimme voll zu" (Wert 5) zu dem Item „Ich bin mit dem Tutorium insgesamt zufrieden" bedeutet eine „gute" Beurteilung, „gut" als Wort für eine 4 bei einer Gesamtmöglichkeit von 1 (z.B. „schlecht") bis 5 (z.B. „sehr gut"). Anderseits ermöglichen die Kennzahlen einen Vergleich, z.B. von verschiedenen Aspekten der Beurteilung oder von verschiedenen Tutorien. Z.B. könnte eine Tutorin beim Indikator „didaktische Kompetenz" eine „2,0" und bei „Inhalten" eine „4,0" bekommen haben. Das würde bedeuten, dass sie den Studierenden zwar viele Inhalte vermittelt hat, aber auf eine Weise, die durchaus noch verbessert werden könnte.

Bei der Interpretation der statistischen Auswertung gibt es einige umstrittene Punkte zu beachten. Vor allem die Bildung von Durchschnittswerten über eine Reihe von Fragen hinweg, die nicht eindeutig zu einem Indikator gehören, ist nicht immer aussagekräftig. Werden z.B. die Werte zur didaktischen Kompetenz und die Werte zur Struktur eines Tutoriums zu einer Gesamtbewertung gemittelt, kann dieselbe Zahl zwei Tutorien repräsentieren, die ganz unterschiedlich verlaufen sind: eines mit guter Didaktik, aber schlechter Struktur, und das andere mit schlechter Didaktik, aber guter Struktur.

Ebenso enthalten die „Gesamtnoten", die oft abgefragt werden („Ich bin mit dem Tutorium insgesamt zufrieden"), zu einem unbekannten Ausmaß Einflüsse, die nicht im Tutorium liegen, wie z.B. die Beliebtheit des Lernstoffs (Statistik erhält z.B. meist niedrigere Bewertungen) oder die Tageszeit der Veranstaltung.

Häufig werden die Resultate als Vergleich eines bestimmten Tutoriums mit den Durchschnittsnoten aller Tutorien, jeweils für jede quantitative Frage des Fragebogens, in einer Grafik wie der folgenden ausgegeben:

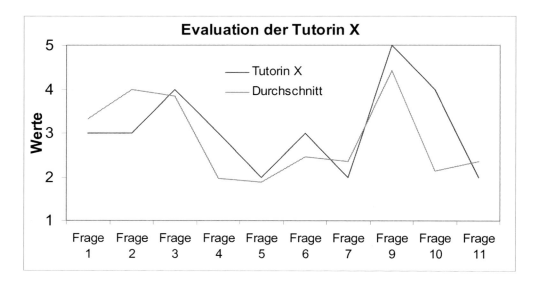

Grafik 6.1: Ergebnis einer Evaluation des Tutoriums des Tutors X.

Die Grafik 6.1 zeigt die Resultate der 11 Items („Frage") eines Fragebogens für Studierende zur Bewertung ihres Tutoriums bei der Tutorin X. Die Antwortmöglichkeiten wurden durch eine Likert-Skala vorgegeben. Die Note („Werte") „5" bedeutet „sehr gut" und die 1 „sehr schlecht". Zum Beispiel kann man ablesen, das das Tutorium in Bezug auf die Items 4, 6, 9 und 10 besser bewertet wurde als der Durchschnitt aller Tutorien, und schlechter in Bezug auf die Items 1,2,7 und 11.

6.4 Hinweise zur Durchführung einer Evaluation

Für die Durchführung einer Evaluation solltest du die folgenden praktischen Ratschläge befolgen, um möglichst gute Bedingungen für das Erhalten von validen Antworten zu sichern:

- Auf eine geplante Evaluation sollte schon zu Beginn des Tutoriums hingewiesen werden, damit die Studierenden von Anfang an wissen, dass ihre Auffassungen für den Dozenten (und die Tutorin) von Interesse sind.
- Der Fragebogen sollte in 15-20 min. zu beantworten sein.
- Um die Anonymität der Befragung zu gewährleisten, sollten die Teilnehmer selber die Bögen einsammeln und sie der Tutorin geschlossen übergeben.
- Die Befragung sollte so liegen, dass die Ergebnisse noch mit den Beteiligten besprochen werden können, z.B. in der letzten Sitzung.

7 ERFAHRUNGEN MIT TUTORIEN AN UNIVERSITÄTEN IN KUBA, DEUTSCHLAND UND PERU

7.1 Erfahrungen an der Universidad Pedagógica Félix Varela de Villa Clara

Die Universidad Pedagógica Felix Varela in Santa Clara (Kuba) unterhält zwei unterschiedliche Tutorensysteme, von denen das eine ähnlich den international üblichen Mentorensystemen (Tutorium A) ist, das andere aber eine Besonderheit der Pädagogischen Universitäten Kubas (Tutorium B) darstellt.

Das Tutorium A findet vor allem im ersten Studienjahr Anwendung, in einer Kombination von individueller und kollektiver Betreuung. Bei der kollektiven Betreuung erhält eine Gruppe Studierende einen „Leitdozenten" aus ihrem Studienjahr, der als Koordinator aller Dozentinnen und Dozenten dieser Studierenden wirkt. Diese Dozenten treffen sich regelmäßig, um die verschiedenen Probleme der Gruppe zu besprechen, insbesondere jene Vorgänge, die die akademische Arbeit betreffen, die eventuellen Forschungsansätze fördern oder auf das allgemeine Verhalten bezogen sind. Sie leisten damit eine wichtige Arbeit, wenn man bedenkt, dass die Studierenden sich als Gemeinschaft verstehen und dafür einstehen sollen.

Im Fall der individuellen Betreuung begleitet ein Mentor maximal fünf Studierende (manchmal auch mehr, wenn Engpässe bestehen). Er bzw. sie entstammt der Dozentenschaft und hat folgende Aufgaben:

- Lern- und Entwicklungsprobleme der Studierenden diagnostizieren
- Das Sozialverhalten der Studierenden verfolgen
- Die Eingewöhnung in das universitäre Leben fördern
- Die Studierenden bei der Organisation, Planung und Vorbereitung des Studiums unterstützen
- Die Fortschritte der Studierenden gemäß ihren Plänen kontrollieren und evaluieren
- An der Gesamtbewertung der Studierenden teilnehmen
- Zur Persönlichkeitsentwicklung seiner Studierenden beitragen
- Mit den Familien zusammenarbeiten
- Angebote und Orientierung bieten für außeruniversitäre Aktivitäten in der Freizeit

Es gibt ein Departamento de Orientación y Consulta Psicológica, das die Leitdozenten und Mentoren berät, insbesondere bei der Diagnose und wenn Aktivitäten in Bezug auf das Sozialverhalten durchzuführen sind.

Es ist wichtig, darauf hinzuweisen, dass bei diesem Tutorensystem ein neuartiger Aspekt hinzugekommen ist: Den ersten Eindruck von ihren späteren Studierenden erhalten die Tutoren bei einer Zusammenkunft mit allen Lehrern der voruniversitären Einrichtungen, von denen die Studierenden kommen. Dabei geben die Lehrer eine Einschätzung der Schüler, die sie jetzt auf die Universität entlassen haben.

Um das Tutorium B erklären zu können, muss zunächst der Kontext seiner Entwicklung geschildert werden. Seit dem Studienjahr 2002/03 wurde in den Pädagogischen Universitäten Kubas eine neue Art der Lehrerbildung institutionalisiert, die sich „Universalisierung" (spanisch: Universalización) nennt. Dabei erhalten die Studierenden im ersten Jahr eine intensive Einführung in die Universität und in ihr Studium, und ab dem zweiten Jahr werden sie Schulen zugeordnet, wo sie ihre berufspraktische Ausbildung bekommen. Diese Schulen verstehen sich als sogenannte „Mikrouniversitäten". Sie sind in jedem Landkreis an eine Universität oder eine pädagogische Einrichtung angebunden, von denen die Studierenden mit Hilfe von Fernunterricht und regelmäßigen 14-tägigen Treffen Fachunterricht erhalten. Insbesondere erhält jeder Studierende eine CD mit der wesentlichen Bibliografie seiner Fächer.

In den Mikrouniversitäten findet während der praktischen Ausbildung der größere Teil der Lehrerbildung unter der Anleitung eines Tutors/einer Tutorin statt, der/die ein erfahrener Lehrer/Lehrerin ist und von der Schuldirektion empfohlen wurde. Er/sie betreut einen oder zwei, ausnahmsweise auch drei Studierende.

Der Tutor/die Tutorin leitet den Studierenden an, sowohl in Bezug auf sein Studium als auch in Bezug auf die Schulpraxis, die Forschungstätigkeit und auch die persönlichen Belange. Insofern ergeben sich in diesem Tutorensystem neue Elemente, die über die Möglichkeiten der Tutorensysteme an anderen Universitäten hinausgehen: die Anleitung bei der praktischen Arbeit und bei der Forschungstätigkeit.

Auf diese Weise ist es dem Tutor/der Tutorin möglich, bei der Ausbildung der Studierenden ihre Persönlichkeit, ihre Interessen, ihre akademische Entwicklung und Fähigkeiten, ihre Fortschritte und Schwierigkeiten durch eine individuelle Betreuung bei gleichzeitiger Eingebundenheit in eine kollektive Ausbildung kennen zu lernen.

Der Tutor führt, orientiert, unterstützt und kontrolliert die Studierenden bei ihren Vorbereitungen auf ihr Lehrerdasein und muss im Interesse einer integrierten Ausbildung eine starke Beziehung zu den Dozenten der zugeordneten Universität aufrechterhalten. Seine Funktionen sind im Leitfaden „Die Schule als Mikrouniversität" wie folgt definiert:

- Er setzt und kontrolliert die Aktivitäten aller beteiligten Dozenten im Hinblick auf Systematisierung, Aktualisierung und Integration der Kenntnisse und Fertigkeiten in der Schule und der Kommune.
- Er begleitet die Persönlichkeitsentwicklung seiner Studierenden, nimmt Beziehungen zu deren Familie auf, um gemeinsam zu ihrer Bildung, ihrem emotionalen und gesundheitlichen Zustand beizutragen.
- Er hilft, schwierige Probleme bei der beruflichen Praxis in den Griff zu bekommen, durch Besuche und durch eine wissenschaftliche Begleitung.
- Er unterstützt die wissenschaftlichen Aktivitäten seiner Studierenden, die mit der Schule zusammenhängen, und ermuntert sie zum Erfahrungsaustausch und zu Vorträgen bei wissenschaftlichen Zusammenkünften.
- Er kontrolliert und bewertet die Tätigkeiten seiner Studierenden im Hinblick auf ihre individuellen Pläne.
- Er nimmt an der Gesamtbewertung seiner Studierenden teil.
- Er unterstützt seine Studierenden beim unabhängigen Studium und bei den fachübergreifenden Veranstaltungen.
- Er zeigt seinen Studierenden, wie man ein Studium organisiert, plant und sich selbst dabei kontrollieren kann.
- Er nimmt an Programmen zur Leistungssteigerung der Studierenden teil.

- Er arbeitet als Koordinator mit der Dozentenschaft der zugeordneten Einrichtung zusammen und fühlt sich als Mitglied des Jahrgangskollektivs, zu dem seine Studierenden gehören.
- Er begleitet seine Studierenden bei den Treffen mit der Schullehrerschaft und koordiniert alles Notwendige zur Verbesserung ihrer Ausbildung.
- Er organisiert außerschulische Aktivitäten in der freien Zeit seiner Studierenden.
- Er diagnostiziert Lernschwierigkeiten bei seinen Studierenden.
- Er plant die Bildungsberatung.
- Er trägt zur Berufsmotivation seiner Studierenden bei.
- Er trägt zur Entwicklung genereller und berufsspezifischer Fähigkeiten seiner Studierenden bei.
- Er fördert die Entwicklung der Kreativität seiner Studierenden.

Am Ende des Jahres findet eine Bewertung des Leistungsstands jedes Studierenden statt, sie wird gemeinsam durch die zugeordnete Einrichtung und die Tutoren vorgenommen.

Die Tatsache, dass die Studierenden ihre Ausbildung in der Schule unter dem Tutorat eines erfahrenen Lehrers fortsetzen und dass sie dort verantwortlich sind für eine Gruppe von 15 Schülern, bedeutet eine Integration aller Bildungsprozesse und führt zu einer deutlichen Entwicklung der Verantwortlichkeit der zukünftigen Lehrer. So bekommt die Schule eine neue Qualität in der Ausbildung, und gleichzeitig erfährt die Schule selbst eine Bereicherung im Hinblick auf ihr wissenschaftliches Niveau, die sich durch die neuen Funktionen als Mikrouniversität einstellt.

7.2 Erfahrungen an der Georg-August-Universität Göttingen

Das im Sommersemester 2002 erstmalig erprobte Tutorenprogramm für Anfangssemester in den Studiengängen der Sozialwissenschaftlichen Fakultät geht auf die Ergebnisse einer Lehrevaluation in den Jahren 1999/2000 zurück. Sie erbrachte genauere Informationen über die Übergangs- und Orientierungsprobleme der Studierenden in der ersten Phase ihres Grundstudiums sowie über Probleme im Verlauf des weiteren Studiums, von denen alle Institute mehr oder weniger betroffen sind. Zum besseren Verständnis des Kontextes des Tutorenprogramms sollen einige Informationen über die Sozialwissenschaftliche Fakultät der Universität Göttingen gegeben werden.

Die Sozialwissenschaftliche Fakultät der Georg-August-Universität Göttingen gehört von der Zahl der Studierenden und Lehrenden her zu den mittelgroßen sozialwissenschaftlichen Standorten in Deutschland. Von Ausnahmen abgesehen, bezieht sich das Tutorenprogramm ausschließlich auf die Anfangssemester in den Magisterstudiengängen der sozialwissenschaftlichen Fächer und dem Diplomsozialwirt-Studiengang. Die Studienabbruchquoten liegen in den Magisterstudiengängen höher als im Diplomstudiengang. Zwar sind sie im Grundstudium bis hin zum Vordiplom bzw. zur Zwischenprüfung beträchtlich. Aber auch im Hauptstudium des Magisterstudiengangs sind noch nennenswerte Abbruchquoten festzustellen, so dass es je spezifische Ursachenkonstellationen für den Studienwechsel oder –abbruch gibt.

Ein besonderes Problem stellen die Prüfungsphasen im Studium dar (Zwischenprüfung bzw. Vordiplom und Magisterprüfung bzw. Diplomprüfung). Eine Teilbefragung von Magisterstudierenden der Pädagogik hat ergeben, dass die realen Prüfungsphasen erheblich länger sind, als die Prüfungsordnungen vorsehen, und dass sie sich im Zeitverlauf sogar verlängert haben.

7.2.1 Zielstellung

Das von der Fakultät eingerichtete Tutorenprogramm stellt nur eine von mehreren Maßnahmen dar, um den hiermit angedeuteten Problemen überlanger Studien- und Prüfungszeiten und hoher Abbruchquoten zu begegnen. Parallel dazu hat die Fakultät damit begonnen, die Strukturierung des Grundstudiums voranzutreiben, die vor allem ein Problem der großen Institute der Fakultät darstellt.

Als Ergebnis der Lehrevaluation im Jahr 2000 wurde eine fakultätsweite „Arbeitsgruppe Grundstudium" gebildet, die an einem Teilprojekt, der Entwicklung eines Tutorenprogramms für Anfangssemester, zu arbeiten begann. Schon die Bestandsaufnahme, die die „Arbeitsgruppe Grundstudium" über die vorhandenen Tutoren an den verschiedenen Instituten der Fakultät erstellte, zeigte sehr verschiedene „Einsatzverhältnisse", Arbeitsbedingungen und finanzielle Ausstattungen der Tutorinnen und Tutoren. Es muss zum Verständnis der folgenden Ausführungen klargestellt und betont werden, dass Tutorentätigkeit in Deutschland fast ausschließlich von Studierenden höherer Semester ausgeführt wird. Ihre Tätigkeit umfasst konkrete Orientierungshilfen für Studierende im Studium und in der Stadt sowie mehr oder weniger umfassende Hilfen in den meist großen Einführungsveranstaltungen in das jeweilige Fach. Tutorinnen und Tutoren unterstützen die Dozierenden durch selbständige Leitung von Tutorengruppen zu einer Hauptveranstaltung, durch die Beratung von Referatsgruppen in großen Proseminaren, durch die begleitende Bearbeitung von „Hausaufgaben" in den Methodeneinführungen, durch Vorbereitung und Korrekturhilfe bei Klausuren oder auch durch technische Hilfen (Bücherbeschaffung, Kopieren).

Schon früh wurde daher bei der Vorbereitung des Tutorenprogramms nach dem gemeinsamen inhaltlichen „Kern" dieser verschiedenen Tätigkeiten gesucht, und es wurde der Konflikt thematisiert, dass mit einem Tutorenprogramm etwas als Innovation der Lehre ausgegeben werden könnte, das möglicherweise nur eine kostengünstige Lösung anstelle der nicht realisierbaren Erhöhung des hauptamtlichem Lehrerpersonals darstellte (Tutorinnen als Lückenbüßer für die unzureichende Hochschulfinanzierung).

Die Antwort auf die erste Frage nach dem inhaltlichen Kern der Tutorentätigkeit konnte angesichts des fächerübergreifenden Charakters des Tutorenprogramms nicht in fachspezifischen Inhalten gesucht werden. Vielmehr lag der Akzent auf der „seminaristischen" Form der Tutorenarbeit. Die Qualitätssicherung der Lehre sollte unter den Bedingungen von einführenden „Massenveranstaltungen" dadurch erreicht werden, dass in kleinen Gruppen von Studierenden eine Lernumgebung geschaffen wird, „bei der Studierende selbst aktiv werden, bei der sie lernen, Fragen zu stellen und Schwierigkeiten oder Einwände zu formulieren, auf ihre Kommilitonen/-innen einzugehen und sich selbst verständlich zu machen." Zielsetzungen der Tutorenarbeit waren damit „Orientierung", „Erwerb von Grundfähigkeiten der wissenschaftlichen Kommunikation" und „aktive Erarbeitung von Fachinhalten". Damit waren solche von Tutorien begleitete Veranstaltungen aus dem angestrebten Tutorenprogramm ausgeschlossen, die die Vermittlung spezieller „technischer" Fähigkeiten zum Inhalt hatten (wie z.B. in den Fächern Medien- und Kommunikationswissenschaft, Sportwissenschaften), auch wenn diese mit ihrem stark praktischen Bezug als motivationsfördernd anerkannt wurden. Die mit der „seminaristischen" Form der Tutorengruppen verbundenen Zielsetzungen „Erwerb von Grundfähigkeiten wissenschaftlicher Kommunikation" und „aktive Erarbeitung von Fachinhalten" führen dazu, dass eine gesonderte Qualifizierung der

Tutoren Teil des Programms ist (s.u.) und dass diese einen starken Akzent auf kommunikative Kompetenzen (Module 2, 3 und teilweise 4) aufweist.

Die zweite oben aufgeworfene Frage – Tutoren als Lückenbüßer für die unzureichende Ausstattung der Hochschulen? – kann im Rahmen des Tutorenprogramms nicht definitiv gelöst werden und stellt nach den bisherigen Erfahrungen durchaus eine Quelle von Konflikten dar. Immerhin sollen folgende Elemente des Tutorenprogramms eine einfache „Billiglösung" verhindern:

- Der „Normalvertrag" für Tutoren sieht 8 Stunden pro Woche über vier Monate vor, so dass nicht nur die reine Präsenz-Zeit in der Hauptveranstaltung und in dem eigenen Tutorium bezahlt, sondern der Vor- und Nachbereitungszeit auch über die Veranstaltungszeit hinaus Rechnung getragen wird.
- Die – für Tutoren verbindliche – Teilnahme an einer Qualifizierungsveranstaltung vor Beginn des Semesters (bei zweisemestrigen Veranstaltungen zweimalig) bietet den Tutoren die Chance zu einer besonderen Qualifizierung. Sie wird durch ein Zertifikat bestätigt.
- Das Tutorenprogramm geht davon aus, dass die Dozierenden die Tutoren nicht einfach als Entlastung für die von ihnen nicht zu bewältigenden Anforderungen einsetzen, sondern dass sie zusätzlich den regelmäßigen Arbeitskontakt mit den Tutoren halten, sei es zur Vor- oder Nachbereitung. Auf diese Weise bekommen (im Idealfall) die Dozierenden ein realistischeres Bild von den Effekten der Vermittlung von Fachinhalten und einen Einblick in und ein besseres Verständnis für vorhandene Kommunikationsprobleme. Die Tutoren und Tutorinnen wiederum werden durch den intensiveren Kontakt mit den Dozierenden stärker an Probleme des Faches herangeführt. Dementsprechend ist mit dem Tutorenprogramm auch die Absicht verbunden, einen Teil besonders engagierter und befähigter Studierender als künftigen wissenschaftlichen Nachwuchs zu fördern.

In Folgenden soll die Qualifizierungsveranstaltung für die angehenden Tutorinnen und Tutoren dargestellt werden. Seit dem Start im Sommersemester 2002 wird dieses viertägige Programm von allen Beteiligten mit großem Gewinn wahrgenommen. Seit 2004 stellt die Göttinger Universität ihre Studiengänge auf Bachelor- und Masterabschlüsse um. Seitdem ist der Bedarf an Tutorien gestiegen. Das Qualifizierungsprogramm ist gut geeignet und wird weiterhin genutzt. Ein Erfahrungsaustausch mit anderen Universitäten wäre hilfreich, um das Programm den unterschiedlichen Anforderungen anzupassen.

7.2.2 Die Module des Curriculums

<u>Modul 1: Einführung, Kennenlernen und Konzeptvorstellung</u>

Nach einer kurzen Einführung in die langfristigen Ziele des Tutorenprogramms, die Zielsetzungen und den Ablaufplan der viertägigen Tutorenqualifizierung bilden sich nach den einzelnen Instituten/Fächern Gruppen von Tutoren und ihren jeweiligen Dozierenden, um eine Selbstpräsentation zu erarbeiten (Poster). Sie umfasst neben einer kurzen Vorstellung der Personen eine knappe Beschreibung der Ziele und Organisationsweise der jeweiligen Tutorenarbeit. Anhand der Poster präsentieren sich die Gruppen dann in der Öffentlichkeit aller an der Qualifizierung Beteiligten. Am Nachmittag werden Dozierende und Tutoren/Tutorinnen zunächst in Gruppen getrennt. Die Tutoren erarbeiten unter Anleitung von Mitgliedern des Qualifizierungsteams oder allein in kleineren Gruppen Erwartungen an das Tutorium, an ihren eigenen Beitrag und den der

Dozierenden (Kartenabfrage und Bündelung zur Präsentation der Ergebnisse). Die Dozierenden, die z.T. recht unterschiedliche Einführungsveranstaltungen leiten, informieren sich gegenseitig genauer über das Konzept und die Erwartung an das Tutorium. Dabei ergeben sich bestimmte „Typen" von Tutorien, deren Unterschiede und Gemeinsamkeiten herausgearbeitet werden. Eine wichtige Unterscheidung liegt darin, wie eng das Tutorium auf die Dozentenveranstaltung bezogen sein soll und welche der beiden Veranstaltungsformen, die Vorlesung oder das Tutorium, die „Führung" übernimmt. Es gibt Veranstaltungskonzeptionen, bei denen das Tutorium eher die „Hauptveranstaltung" nacharbeitet und vertieft; es gibt umgekehrt auch Konzepte, bei denen die Vorlesung sich stärker als Service für das Tutorium definiert. Diese Unterschiede sollen zu Beginn herausgearbeitet werden, weil sie die Erwartungen und die jeweils zugeschriebenen bzw. auszuhandelnden Rollen definieren, damit sind sie auch für das Selbstverständnis der Beteiligten wichtig.

Die Ergebnisse der getrennten Gruppenarbeit der Dozierenden und der angehenden Tutoren und Tutorinnen werden in einer gemeinsamen Runde aller Beteiligten am Ende des ersten Tages gegenübergestellt.

Am Ende dieses Tages werden schließlich noch die notwendigen Kenntnisse über die rechtlichen Rahmenbedingungen vermittelt.

Die Erfahrungen mit dem ersten Tag des Qualifizierungsprogramms wurden sowohl im ersten als auch im zweiten, modifizierten Durchlauf (sofortiger Übergang in Kleingruppenarbeit) mehrheitlich negativ beurteilt. Ein sehr erheblicher Mangel war das Fehlen einzelner Dozierender, wie überhaupt das manchmal erstmalige Zusammentreffen von Dozenten und Tutoren vor Semesterbeginn im Einzelfall Koordinationsschwächen offenbarte: Tutoren waren ganz kurzfristig rekrutiert worden, ein Konzept lag noch nicht vor etc. Dadurch konnte das beabsichtigte Ziel, die jeweiligen Erwartungen der beiden Gruppen sichtbar zu machen, nicht durchweg erreicht werden. Ein in der Schlussevaluation von den Tutoren häufig genanntes Problem war die zu lange Dauer und Ineffektivität dieses ersten Tages im Vergleich zu den übrigen. Die Tutoren wollten im Rückblick lieber „gleich zur Sache" kommen, statt sich auf das etwas mühselige Präsentieren und Eindenken in die Probleme anderer Institute und Tutorengruppen einzulassen. Auch die Herausarbeitung unterschiedlicher Typen von Tutoren mit unterschiedlichen Konsequenzen für die eigene Rolle und Tätigkeit blieb zu abstrakt.

Modul 2: Gesprächsführung und Moderation

Tutorinnen und Tutoren sollen Wissen vermitteln, motivieren, Studierende zur aktiven Mitarbeit anregen, im Gruppenprozess fördernd und unterstützend wirken. Wesentliche Grundlage dieser Vielfalt an Aufgaben ist das Verständnis der „richtigen" Kommunikation, die über den wissenschaftlichen Aspekt hinaus vor allem von zwischenmenschlicher Seite betrachtet werden muss. Eine zentrale Kompetenz ist daher die Fähigkeit, Gespräche zu steuern, zu analysieren, Diskussionen zu leiten und auf dieser Grundlage als Tutorin/Tutor kompetent zu handeln.

Das Modul „Gesprächsführung und Moderation" zielt daher darauf ab, angehenden Tutorinnen und Tutoren ein Bewusstsein über die Wirkung dieser beiden Aspekte zu vermitteln, indem zum einen Analysemodelle erarbeitet, zum anderen spezifische Techniken vorgestellt und erprobt werden. Dabei orientiert sich das Modul an dem eher psychologischen Modell der Klientenzentrierten Gesprächsführung nach Rogers (1951), das vor allem auf Aspekte wie Akzeptanz und

Wertschätzung abzielt, und an kommunikationswissenschaftlichen Modellen wie dem von Schulz von Thun (1981), das sich eher auf die Wirkung zwischen Personen bezieht: Welche Faktoren beeinflussen die Kommunikation, woraus setzt sich eine Begegnung zwischen Menschen zusammen? Damit soll eine Analyse der Situation im Tutorium möglich sein: Was geschieht in der Kommunikation zwischen Student/in und Tutor/in, und welche Handlungsweisen sind erforderlich, um den Gruppenprozess und –konsens zu fördern?

Das Erproben verschiedener Moderationsmethoden soll den Tutorinnen und Tutoren Sicherheit bringen – eine Art „Handwerkszeug", um auf verschiedene Anforderungen und Situationen kompetent reagieren zu können: durch Techniken wie die Zuruffrage, die Einpunktfrage, Clustern und das Arbeiten mit Moderationskarten soll ein flexibles, abwechslungsreiches und sicheres Umgehen mit der Seminarsituation zunächst theoretisch vermittelt, im Verlauf auch praktisch erprobt werden: Wie erlebe ich als Tutorin die Gruppe? Welches „Handwerkszeug" kann ich anwenden, um auch schwierige Situationen zu meistern? Darüber hinaus üben sie Techniken wie aktives Zuhören, Feedback geben und Paraphrasieren, um die Qualität der Kommunikation nicht nur fachlich, sondern auch zwischenmenschlich zu sichern.

Um diese Schlüsselqualifikationen zu erproben, simulieren die Teilnehmer eine Seminarsituation in folgender Weise: Zwei „Tutoren" bereiten innerhalb einer halben Stunde eine Sitzung vor, deren Inhalt ein – von den Teilnehmern gelesener – Text ist. Sie beginnen mit der Begrüßung und nehmen anschließend die Arbeit am Text mittels verschiedener Moderationsmethoden auf. Ebenso versuchen sie, die Gesprächsführungstechniken nach Rogers umzusetzen – was vielen in der Theorie einfach, nahezu banal erscheint, in der Praxis jedoch zunächst Schwierigkeiten bereitet. Nach der Sitzung erfolgt ein Feedback der beobachtenden Teilnehmer/innen und der Dozentin im Sinne konstruktiver Kritik. Auch die „Tutoren" beschreiben, wie sie persönlich sich und ihr Vorgehen empfunden haben.

Die Erfahrungen der ersten Qualifizierung zeigen, dass großer Bedarf an mehr methodischem Können besteht, vor allem aber dessen praktische Erprobung notwendig ist. Die angehenden Tutorinnen und Tutoren konnten durch die Vermittlung und Übung entsprechender Kompetenzen mehr Sicherheit erlangen.

Modul 3: Problembewältigung und Konfliktlösung

Die Tutoren selbst werden mit erheblichen Problemen konfrontiert, auf die sie spontan reagieren müssen. Ein Problem, das zum Beispiel immer wieder genannt wird, beschreiben sie so: „Die Studierenden selbst haben keine Fragen, wenn ich etwas frage, schauen alle nach unten und keiner sagt was. Ich mühe mich ab, überlege mir immer neue Fragen, werde dabei immer unsicherer oder auch aggressiv. Schließlich stelle ich eine Aufgabe und sie fangen mehr oder wenig unwillig damit an. Am Ende gehen alle unzufrieden nach Hause."

Andere häufig genannte Probleme sind: inhaltliche Überfrachtung, Teilnehmerschwund, störendes Verhalten der Teilnehmer/innen, fehlende Akzeptanz, Angst vor Versagen.

Die Frage, die im Raum steht, heißt: Was sollte bzw. könnte der Tutor/die Tutorin in diesen Situationen tun, wie das Problem bewältigen? Genau darum, um das Problem und dessen Bewältigung, geht es in diesem Modul. Wir sind in folgenden Schritten vorgegangen:

- Was ist ein Problem? Wann entsteht ein Konflikt?
- Was fühle, denke und tue ich in solchen Situationen?
- Was hilft mir am meisten?
- Welche Alternativen zu meiner Problembewältigung gibt es?
- Wie kann ich Konflikte erkennen?
- Wie kann ich Konflikte verhindern?

Im ersten Qualifizierungskurs steht Selbsterfahrung im Mittelpunkt: wahrnehmen und erkennen der eigenen Strategien, üben von Alternativen.

Die ersten Elemente des Moduls dienen zur Klärung der Begriffe „Problem" und „Konflikt". In Kleingruppen sammeln die Teilnehmer/innen erlebte Probleme und Konflikte. Sie verständigen sich darüber, wie sie sich in dieser Situation gefühlt haben (Körpersignale), welche Gedanken ihnen durch den Kopf gingen und wie sie sich konkret verhalten haben. Die Kleingruppen berichten dann im Plenum über die Ergebnisse ihrer Diskussion.

Im zweiten Schritt wird über die eigenen Bewältigungsstrategien reflektiert. Hier hat es sich als vorteilhaft erwiesen, dass jede Kleingruppe eine der in ihrer Gruppe gesammelten Problemsituation aufgreift und im Rollenspiel Lösungen erprobt. Dabei sollte jede/jeder einmal in der Rolle des Tutors sein und erfahren, wie seine Bewältigungsstrategie „ankommt". Auch hier können die unterschiedlichen Strategien gesammelt und diskutiert werden. Wenn genügend Zeit bleibt, dann könnte jeder/jede noch einmal eine „neue" Strategie im Rollenspiel erproben.

Mit Hilfe der Modelle von Gordon (1995) und Berkel (1995) wird zusammenfassend ein Überblick über die Prozesse bei der Problem- und Konfliktbewältigung erarbeitet.

Im zweiten Kurs (ein Semester später), wenn bereits erste Erfahrungen aus dem Tutorium vorliegen, wird an den erlebten Problemsituationen gearbeitet. Wir wählten als Methode die Supervision. Auf diese Weise wurden die Teilnehmer/innen mit kollegialer und professioneller Supervision bekannt gemacht und konnten sie erproben. Das war vor allem auch deshalb hilfreich, weil sich die Gruppen, die die Qualifizierung gemeinsam absolvierten, in den folgenden Wochen selbstständig organisierten und regelmäßig trafen. Dieser Wunsch entstand während des Kurses und wurde in der Regel auch umgesetzt.

<u>Modul 4: Didaktische Hilfen</u>

Das Modul „Didaktische Hilfen" hat das Ziel, von den Erfahrungen ehemaliger Tutoren und Tutorinnen zu profitieren und die angehenden Tutoren/Tutorinnen auf ihre Arbeit emotional einzustimmen sowie praktisch vorzubereiten. Außerdem sollen konkrete Materialien, die bereits erarbeitet und erprobt wurden und die sich bewährt haben, weitergegeben werden.

Die Tatsache, dass nicht alle Teilnehmer/innen denselben „Tutorentypen" angehören und von ihren betreuenden Dozenten und Dozentinnen unterschiedliche Arbeitsanweisungen erhalten, bringt das Problem des angemessenen Transfers der didaktischen Hilfsangebote mit sich. Die vorgestellten Lehrweisen müssen selbstständig der eigenen Seminarsituation angepasst werden. Diese notwendige Transferleistung macht unter Umständen die Rollenkonflikte der Tutoren und Tutorinnen zwischen „eigenständiger Seminarleitung als quasi-Dozenten" und „studentischer Beratung", die im Modul 1 reflektiert werden, noch einmal deutlich. Deshalb besteht ein Ziel dieses Moduls darin, diese Rollenkonflikte und die von den angehenden Tutoren/Tutorinnen eingebrachten Ideale von „guten Lernsituationen" konstruktiv für die Reflexion und Problematisierung der jeweiligen didaktischen Hilfestellung zu nutzen.

In den meisten Tutorien konzentrierte sich die fachliche Arbeit auf die Einführung in die wissenschaftliche Textarbeit, das Halten von Referaten und das Erstellen von Textzusammenfassungen mit einer eigenen kritischen Stellungnahme sowie die Vorbereitung auf eine Klausur oder Prüfung am Ende des Semesters.

Die Gestaltung des Moduls erfolgt in drei Phasen: der Vorstellung des didaktischen Materials, einer Übung zu einer Seminarsitzung am Beispiel eines aus dem jeweiligen Seminar ausgewählten Textes und der Präsentation der Sitzungsentwürfe.

1. Phase: Zunächst einmal werden theoretisch sechs Bausteine der Tutorentätigkeit dargestellt (Motivierung/Referate vorbereiten/Arbeit mit Texten/Hilfe bei der Literaturrecherche/Vermittlung wissenschaftlicher Arbeitsweisen/Probleme lösen). Den zeitlichen und materialbezogenen Schwerpunkt bildet die „Arbeit mit den Texten in der Seminargruppe". In diesem Rahmen werden „Seminarsitzungsentwürfe", die von ehemaligen Tutoren und Tutorinnen gesammelt und bereit gestellt worden sind, systematisiert und nacheinander vorgestellt (Standard-Sitzung, Schlagwörter-Gruppenarbeit, Brain-Storming-Gruppenarbeit, Klassische Gruppenarbeit, Stillarbeit). Nach jeder Darstellungsrunde wird die Möglichkeit eingeräumt, Vor- und Nachteile der spezifischen didaktischen Idee mit Blick auf Motivierung zur eigenständigen Auseinandersetzung, Zeitmanagement, Schwierigkeitsgrad des Textes, Zusammenwachsen der Lerngruppe etc. zu diskutieren.

In diesen Diskussionsrunden sollen auch die unterschiedlichen Rollenverständnisse der angehenden „Tutoren" deutlich werden: Eine „klassische Stundenplanung" zum Beispiel, in der der Argumentationsgang eines Autors anhand vorbereiteter Leitfragen in der Seminarsitzung noch einmal detailliert wiederholt wird, fördert nicht unbedingt den Zusammenhalt der Tutorengruppe insgesamt, kann aber gerade zu Beginn des Seminars sicherstellen, dass deutlich wird, auf welchem unterschiedlichen Verständnisniveau die Kursteilnehmer sind, dass der (lange, evtl. auch in englisch verfasste) Text in seiner Gesamtheit, aber auch in der Selektion relevanter Fragen und Abschnitte begriffen und vorgestellt wird und möglichst viele Studenten durch den Wechsel von leichten und anspruchsvolleren Fragestellungen in die Seminardiskussion einbezogen werden können, selbst wenn sie den Text nur ansatzweise verstanden oder gelesen haben.

2. Phase: Nach dieser Phase des kritischen Erfahrungsaustauschs wird in einer zweiten Phase das Vorbereiten eigener Seminarsitzungen erprobt. Dazu wird zunächst die Aufforderung erteilt, einen ca. 10-seitigen Text unter Fragestellungen der Motivierung, der Aufbereitung relevanter Textstellen und dem Vermitteln zentraler wissenschaftlicher Kompetenzen zu lesen und zu planen. Bei der Sitzungsplanung werden einerseits die Erfahrungen von Tutoren bzw. Tutorinnen genutzt und berücksichtigt, andererseits wird der Text auf die spezifischen Rahmenbedingungen des eigenen zukünftig zu führenden Seminars zugeschnitten. Die Vorbereitungen können in

Zweier- bis Dreiergruppen vorgenommen werden. Jede Arbeitsgruppe bringt ihren Sitzungsentwurf auf eine Folie.

3. Phase: In dem abschließenden Teil dieses Moduls werden einige Arbeitsgruppen aufgefordert, ihre Vorschläge anhand der Folien zu präsentieren und sich der Kritik und dem Vergleich mit anderen Arbeitsgruppen zu demselben Text zu stellen. Insgesamt werden auf diese Weise eine ganze Bandbreite von möglichen Sitzungsentwürfen in unterschiedlichen Tutorentypen sichtbar gemacht und in ihren Vor- und Nachteilen begründet.

Die angehenden Tutoren und Tutorinnen waren mit der Durchführung dieses Moduls zufrieden und gaben an, sich nach den Besprechungen besser auf ihren Alltag als Tutor/Tutorin vorbereitet zu fühlen.

Modul 5: Präsentation

Wie präsentiere ich mich als Person? Bin ich verständlich? Glaubwürdig? Was mag ich ausstrahlen? Die meisten Menschen, die vor Gruppen stehen, machen sich Gedanken um genau diese Fragen, und die Folge ist, dass sie verunsichert sind und Energie vom Inhaltlichen abgezweigt wird.

In dem Modul „Präsentation" sollen diese Fragen geklärt werden, es steht die eigene Persönlichkeit im Vordergrund: nicht Verhaltensregeln, die jede/r beachten sollte, werden einstudiert, sondern auf den Grundlagen rhetorischer Erkenntnisse wird an einem authentischen und glaubwürdigen Auftreten gearbeitet, welches der Individualität der einzelnen Person gerecht wird. Vielerlei Übungen und ein umfassendes Feedback dienen dazu, die Wirkung der eigenen Persönlichkeit herauszuarbeiten, dabei die individuellen Stärken zu nutzen und an den Schwächen zu arbeiten.

Die erste Einheit beschäftigt sich mit der eigenen Wahrnehmung, der Befindlichkeit der Hauptperson: es ist das Lampenfieber bzw. der Stress, der besonders in den ersten Sitzungen und neuen unbekannten Situationen entsteht. Zum Stressabbau kann auf der kognitiven, physiologischen oder psychologischen Ebene gehandelt werden. In der Qualifizierung werden Lösungsmöglichkeiten vorgestellt – welche Variante tatsächlich greift, das muss jede Teilnehmerin und jeder Teilnehmer individuell erproben.

In den folgenden Einheiten geht es vor allem um die Komponenten der persönlichen Wirkung. Im Allgemeinen können visuelle, stimmliche und inhaltliche Merkmale, die zu einer Gesamtwirkung beitragen, unterschieden werden. Die gemittelte Verteilung der Aufmerksamkeit eines Zuschauers bzw. Zuhörers zeigt die folgende Grafik.

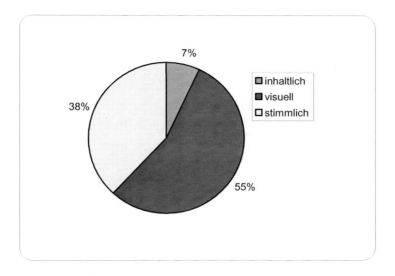

Die persönliche Ausstrahlung

(Quelle: Mehrhabian & Wiener 1967)

Sicherlich spielen Voreinstellungen der Zuhörer und der Zeitfaktor eine Rolle, so dass sich die prozentuale Verteilung verschieben kann, dennoch gibt die Studie Aufschluss über Wirkungsmerkmale. In der Qualifizierung wird geübt, Irritationen auf der visuellen und stimmlichen Ebene zu vermeiden, umgekehrt alles auf der Ebene der Inhalte zu tun, um dort die Wirkung zu verstärken. Zu den 55% visuellen Merkmalen gehören körpersprachliche Kriterien wie die Körperhaltung, die Gestik und die Mimik – besonders der Blickkontakt. Aber auch das Outfit, die Raumorientierung und die mehr oder weniger inhaltlich begründete Hintergrundgestaltung sind Elemente optischer Wirkung. Im Rahmen der Qualifizierung arbeiten wir besonders an den erstgenannten Kriterien: an einer typgerechten, situationsangemessenen und harmonischen Körpersprache.

Bei den 38% stimmlichen Merkmalen handelt es sich um sprecherische Qualitäten wie Artikulation, Melodie, Tempo und Dynamik. Dies wird ergänzt durch die stimmliche Komponente: eine „gut sitzende Stimme", klar, in der Indifferenzlage, ohne Hauch und ohne Druck. Diese Merkmale werden von Zuhörern empfunden und beschreiben von daher eine eher unwillkürliche Wirkung, sie werden weniger reflektiert wahrgenommen. In der Qualifizierung wird für diesen Bereich sensibilisiert und die eigene Sprechweise in sprecherzieherischen Grundübungen trainiert.

Die 7% Wirkung des Inhalts beziehen sich auf die Verständlichkeit des Gesprochenen. Eine gute, nachvollziehbare Struktur, ein einfacher Satzbau, eine zuhörerorientierte Sprache und anschauliche Beispiele oder Bilder tragen zur Verständlichkeit bei. Dieser Bereich ist bislang nicht in die Qualifizierung einbezogen, rein aus zeitlichen Gründen, als Ausgleich werden Hand-outs gegeben sowie Hinweise auf Literatur.

Auf den Grundlagen der Rhetorik wird in diesem Modul hauptsächlich praktisch geübt, mit dem Ziel, sich zu präsentieren und sowohl authentisch als auch wirkungsvoll vor einer Gruppe agieren zu können.

Bisherige Erfahrungen aus dem Qualifizierungskurs: Auf Grund des hohen praktischen Anteils musste die Zahl der teilnehmenden Personen auf 12 begrenzt werden. Dafür konnte jede/r mehrmals allein vor der Gruppe stehen und anschließend ein umfassendes Feedback bekommen. Die unmittelbare Resonanz auf den Trainingstag war ausgesprochen positiv.

Grundsätzlich ist es wichtig, Rückmeldungen zur eigenen Person und zum Leitungsverhalten zu bekommen: so kann der Tutor/die Tutorin zum einen Sicherheit gewinnen und zum anderen wertvolle, individuell zugeschnittene Tipps für die Praxis bekommen.

7.3 Erfahrungen an der Pontificia Universidad Católica del Perú

Die Pontificia Universidad Católica del Perú (Abkürzung: PUCP) hat als Besonderheit, dass die Studierenden vor ihrer Spezialisierung auf ein bestimmtes Fach zwei Jahre lang ein "Studium Generale" (Spanisch: Estudios Generales) absolvieren. Erst nach dieser grundlegenden Ausbildung beginnen sie ihr Fachstudium in der geisteswissenschaftlichen Fakultät.

Ein Tutor ist in der PUCP vergleichbar mit einem Mentor, einem erfahrenen Dozenten eines Fachs, der Studierende in verschiedenen Bereichen berät. Im Lauf des Jahres 2005 wurden die Informationen über die Tutorenschaft an unserer Universität systematisiert und daraufhin festgestellt, dass sie sich je nach den Bedürfnissen der Fächer auf verschiedene Weise etabliert hat. Es handelt sich aber immer um eine Aufgabe, die von den Dozenten freiwillig ausgeführt wird.

Es zeigte sich, dass folgende Fakultäten eine besondere Beratungs- und Tutorienarbeit entwickelt haben: El Centro Pre Universitario, El Ciclo Inicial, Estudios Generales Ciencias y Letras, Educación, Psicología, PUCP Virtual. Außerdem gab es einen Versuch in der Maestría de Matemáticas.

In der PUCP gibt es verschiedene Tutoriensysteme, je nach Studienabschnitten und Notwendigkeiten in den Estudios Generales und einigen Fakuläten. Die Ziele variieren: von der Unterstützung zur Verbesserung der Ergebnisse, über Verbesserung der persönlichen Kommunikation bis hin zur Sicherung der korrekten Durchführung der Studienpläne.

Die Durchführung erfolgt in Gruppen oder individuell und dauert meistens ein Semester. Die Zahl der betreuten Studierenden geht von 40 (im Centro Pre Universitario) bis zu zwei bis sechs Studierenden, wie es bei den Estudios Generales der Fall ist. Mehrheitlich werden die Studierenden den Tutoren zugeordnet, in Einzelfällen kommt es auch vor, dass sich ein Student seinen Tutor frei auswählt.

Unsere Tutoren erfüllen eine Reihe von Funktionen: Information, Studienberatung, Überprüfung der Fachwahl, persönliche Beratung. Der Inhalt der Tutorien richtet sich nach dem, was für die Studierenden notwendig ist (Eingewöhnung in das universitäre Leben, Studienmethoden, Stundenplanerstellung, Studienberatung, Nachhilfe in bestimmten Studieninhalten).

Davon unabhängig gibt es in den meisten Fächern der Estudios Generales Kurse, bei denen zusätzlich zur theoretisch gehaltenen Vorlesung zwei weitere Stunden in praktischer Beschäftigung mit dem Stoff Pflicht sind. In diesen Stunden soll das Gelernte gefestigt werden. Sie werden durchgeführt von Studierenden im letzten Studienjahr oder gerade Examinierten, die durchgeführt von Studierenden im letzten Studienjahr oder gerade Examinierten, die „asistente de docencia" oder „jefe de práctica" heißen. Der deutsche „Tutor" (Student/in im höheren Semester) entspricht deshalb eben unserem „Asistente de Docencia".

Um ihre Arbeit wissenschaftlich zu gestalten, stimmen die asistentes de docencia die Inhalte direkt mit dem entsprechenden Dozenten des Kurses bzw. Faches ab, also die Themen, die zu diskutieren sind, die Übungsaufgaben und die individuellen und Gruppenarbeiten, die im Lauf des Semesters zu erledigen sind. Die Studierenden sind dort in Gruppen von etwa 25 aufgeteilt und erhalten 12 Wochen lang ein solches Tutorium (asesoría práctica).

Einige Ergebnisse und Feststellungen über die Arbeit der Mentoren und Tutoren können wir aus Evaluationen ableiten, die in einigen Instituten durchgeführt wurden.

In den Estudios Generales Ciencias y Letras wählen sich die Studierenden ihren Tutor/ ihre Tutorin am liebsten selber aus, entweder weil er sie schon vorher unterrichtet hat oder weil ihre Freunde ihn/sie empfohlen haben. Ebenso stellen sie am liebsten den ersten Kontakt zum Tutor/zur Tutorin über Email her.

Die Studierenden geben an, dass sie genaue und klare Ratschläge bekommen haben und eine herzliche Beziehung zum Tutor hatten, und die Mehrheit stellt fest, dass das Tutorenprogramm „vollkommen" oder „mittelmäßig" ihre Erwartungen erfüllt hat, wobei die häufigsten Themen die Erreichung guter Ergebnisse und die Studienberatung waren.

In der erziehungswissenschaftlichen Fakultät entwickelten in den letzten zwei Jahren Studierende im letzten Semester eine Vorbereitung in Gruppen, die sie den Studierenden des ersten Semesters für drei Themen anboten: Kenntnisse über die Universität (u.a. die universitäre Organisation, wichtige Einrichtungen und Informationsdienste), Kenntnisse über die Fakultät (Organisation, Organe, Einrichtungen) und die universitären Laufbahnen, durchgeführt als Vorträge von Dozenten und gerade Examinierten. Dieses Programm wurde von einer Dozentin der Fakultät begleitet.

In der Psychologie wurde das Tutorium vom Jahr 2005 ab formal in den regulären Studienplan aufgenommen, so dass die Studierenden zumindest einem Tutor oder einem Tutoren-Kurs zugeordnet werden. Im weiteren Verlauf sollen die Studierenden spezielle Tutorensitzungen bekommen, die in einer „Entwicklungsdatei" festgehalten werden. Heute kann eine große Beteiligung der Studierenden an diesem Programm festgestellt werden.

In den Masterstudiengängen gab es einen Tutorium - Probelauf im Fach Master Mathematik. Er wurde von einem Dozenten, der sich über die mangelnden Kenntnisse der Studierenden beklagte, in zwei Kursen durchgeführt. Er setzte Übungsgruppenleiter ein und führte Arbeitslisten, motivierte seine Studierenden zu Wiederholungen und ließ sie Diskussionsgruppen bilden. Dies sicherte gute Ergebnisse in beiden Kursen.

In der PUCP virtual (Fernstudium) wurde eine spezielle Computerverbindung für die Dozierenden geschaffen, mit der sie ihre Betreuungsaufgaben für die verschiedenen Kurse, Programme und Masterstudiengänge der PUCP Virtual ausüben sollen. Dieses Tutorium konzentriert sich mehr auf akademische als auf persönliche Aspekte. Die Mehrheit der Studierenden hat die Mentoren sowie das an der PUCP entwickelte System positiv bewertet.

LITERATUR

Abs, H., Raether, W., Tippelt, R., Vögele, E. (2000): Besser lehren. Praxisorientierte Anregungen und Hilfen für Lehrende in Hochschule und Weiterbildung H. 8: Evaluation der Lehre – ein Beitrag zur Qualitätssicherung. Weinheim: Deutscher Studien Verlag.

Alvarez, P. (2002). La función tutorial en la universidad. Una apuesta por la mejora de la calidad de la enseñanza. Madrid: EOS.

Amaya, J. (2003): Estrategias de Aprendizaje para Universitarios. México D.F.: Trillas.

ANUIES (Asociación Nacional de Universidades e Instituciones de Educación Superior) (2000): Programas Institucionales de Tutoría. Una propuesta de la ANUIES para su organización y funcionamiento en las instituciones de educación superior. México: Biblioteca de le Educación Superior.

Arguíz, R. (2001): La acción tutorial. Barcelona: Graó.

Berkel, K. (1995): Konflikttraining. Konflikte verstehen und bewältigen. 4. Aufl., Heidelberg: Sauer.

Bisquerra (1996): Orientación y Tutoría.
In http://perso.wanadoo.es/angel.saez/pagina_nueva_162.htm. 29/01/2007

Castellanos Simons, D. (2001): Caracterización de los procesos de aprendizaje en estudiantes de las secundarias básicas de ciudad escolar libertad. Informe de investigación, Centro de Estudios Educacionales. ISPEJV, La Habana.

Cazau, P. (n.d.): Estilos de Aprendizaje: Generalidades.
In http://galeon.hispavista.com/pcazau/guia_esti.htm. 15/09/2005.

Chickering, A., Gamson, Z. (1987): Seven Principles for Good Practice, AAHE Bulletin 39, S. 3 – 7.

Centro de Estudios Educacionales. (1998): Proyecto de investigación „El cambio educativo en la secundaria básica: realidad y perspectivas". ISPEJV, Facultad de Ciencias de la Educación.

Devin-Sheeham L., et al. (1976): Research on children tutoring children: a critical review. Review of Educational Reesearch 46, 3.

Feldmann, K. (1981): Schüler helfen Schülern. Tutorenprogramme an Schulen. München: Beltz.

Feldmann, K. (2002): Schüler helfen Schülern – Schüler unterrichten Schüler – Schüler als Tutoren – Schüler als Lehrer. In
http://www.erz.uni-hannover.de/~feldmann/schueler_helfen_schuelern.pdf (7/01/06)

Fowler, B. (2005): La taxonomía de Bloom y el pensamiento crítico. EDUTEKA - Edición 21(11) 09/05/2006, In http://www.eduteka.org/profeinvitad.php3?profinvid=0014

Glosario de términos de filosofía. In http://www.webdianoia.com/glosario/main.php , 7/01/2006

González, M. et al. (2004): Manual de Tutoría Universitaria. Barcelona: Ediciones Octaedro.

Gordon, T. (1995): Lehrer-Schüler-Konferenz. 9. Auflage, Hamburg: Hoffmann und Campe (München: Heyne-TB).

Hernández Sampieri, R., Fernández Collado, C., Baptista Lucio, P. (1998): Metodología de la investigación. México: McGraw-Hill Interamericana.

Huschke-Rhein, R. (1998): Systemische Erziehungswissenschaft. Pädagogik als Beratungswissenschaft. Weinheim: Beltz.

Husfeldt, V., Baier, M., Boede, J. (2005): Bericht zur Evaluation des Tutorenprogramms der Sozialwissenschaftlichen Fakultät im Wintersemester 2003/2004 (unveröff. Bericht). Göttingen.

Johnson, D. W., Johnson, R. T., Johnson, E. (1995): Los nuevos círculos de aprendizaje: cooperación el salón de clases y en la escuela. ASCD: Alexandria, VA.

Knauf, H., Schmithals, F. (2000): Tutorenhandbuch. Einführung in die Tutorenarbeit. Neuwied : Luchterhand.

Kolb, D. (1984): Psicología de las Organizaciones: experiencias. México D.F. Prentice-Hall Hispanoamericana.

Krüger, R. (1975): Projekt Lernen durch Lehren. Bad Heilbrunn.

Lippitt, P. et al. (1971): Cross-age helping program: orientation, training and related materials. Center for Research on the Utilization of Scientific Knowledge. Univ. of Michigan, Ann Arbor.

Mehrhabian, A., Wiener, M. (1967): Decoding of inconsistent communication. Los Angeles Publishing.

Planungsgruppe der UGhK (1997): „Über die Lust, vor Massen zu reden". Reader zur Tutoren-Schulung einer Planungsgruppe der Universität Gesamthochschule Kassel (UGhK).

Pozo M. (1996): Aprendices y maestros: la nueva cultura del aprendizaje. Madrid: Alianza Editorial.

Programa de tutorías académicas para estudiantes de Licenciatura ciclo escolar (2005), facultad de Química de la UNAM. In http://www.fquim.unam.mx/sitio/pesp.asp (7/01/06)

Reglamento del Programa Institucional de tutorías de la Universidad Autónoma de Chiahuahua, México, (2006). In http://www.uach.mx/educacion/docs/tutoría.htm (7/01/06)

Rivas, F. (1995): Manual de asesoramiento y orientación vocacional. Madrid: Síntesis.

Roeders, P. (1997): Aprendiendo Juntos. Ediciones Wallkiria.

Rogers, C. R. (1951): Client-Centered Therapy, Cambridge, The Riverside Press.

Rosenbaum, P. S. (1973). Peer-mediated instruction. New York.

Rossi, P., Freeman, H. (1993): Evaluation. A systematic approach. London: Sage.

Sanz, O., Castellano, R., et al. (1996): Tutoría y orientación. Barcelona: CEDES.

Shannon, C. E., Weaver, W. (1949): The mathematical theory of communication. Urbana: Univ. of Illinois Press.

Schulz von Thun, F. (1990): Miteinander reden. Störungen und Klärungen. Reinbek bei Hamburg. Rowohlt Taschenbuch.

Watzlawick, P., Beavin, J. H., Jackson, D. D. (1969): Menschliche Kommunikation. Formen, Störungen, Paradoxien. Bern, Stuttgart, Toronto: Huber.

Zabala V. (1999): La práctica evaluativa: cómo enseñar. Barcelona: Graó.

ANHANG

Anhang 1: Fragebogen für die Tutoriumsteilnehmer

Wir bitten dich um deine Mitarbeit. Bitte fülle den folgenden Fragebogen möglichst ehrlich aus, denn er wird als Grundlage zur Planung der Arbeit in den Tutorien dienen.

1. Kreuze bitte das zutreffende Feld zu jeder Frage an!

Zu bewertende Aspekte	immer/viel	manchmal/wenig	nie/nichts
1. Kannst du dich mit anderen gut verständigen?			
2. Kannst du dich gut schriftlich ausdrücken?			
3. Erzählst oder erfindest du gerne Geschichten, Scherze oder Witze?			
4. Siehst du dir gerne Filme, Dias oder andere visuelle Darstellungen an?			
5. Sind deine Kommilitonen gerne mit dir zusammen?			
6. Redest du gerne mit deinen Kommilitonen?			
7. Hörst du den anderen zu und/oder interessierst du dich für sie?			
8. Hast du zwei oder mehr gute Freunde?			
9. Kannst du deinen Kommilitonen mit Rat zur Seite stehen, wenn sie Probleme haben?			
10. Siehst du deine Fehler und Erfolge im Leben als Chance zum Lernen?			
11. Kennst du deine Fähigkeiten und Schwächen?			
12. Arbeitest oder lernst du gut alleine?			
13. Arbeitest du lieber in Gruppen?			
14. Kennst du deinen Lernrhythmus und Lernstil?			
15. Bewegst du dich viel?			
16. Liest du gerne?			
17. Weißt du, wie du dir bei einem Buch einen Überblick verschaffst?			
18. Kannst du dich beim Kauf eines Buches leicht entscheiden?			
19. Kannst du schnell lesen?			
20. Machst du dir für gewöhnlich einen Tagesplan?			
21. Lernst du regelmäßig?			

22. Fasst du Informationen zusammen, wenn du lernst?			
23. Fühlst du dich bei Prüfungen sicher?			
24. Schaffst du es, dich zu konzentrieren?			

2. Vervollständige die folgenden Sätze

An der Universität gefällt mir

……………………………………………………………………………………………………

……………………………………………………………………………………………………

An der Universität gefällt mir nicht

……………………………………………………………………………………………………

……………………………………………………………………………………………………

Ich möchte am Tutorium teilnehmen, um/weil

……………………………………………………………………………………………………

……………………………………………………………………………………………………

Anhang 2: Leitfaden zur Durchführung einer Beobachtung.

Beobachte die Teilnehmer/innen unter folgenden Aspekten:

- Beziehung zu den Kommilitonen und den Dozenten der Hochschule
- Konzentration im Seminar
- Teilnahme am Seminar
- Schnelligkeit in der Lösung von Aufgaben und bei Übungen
- Rechtzeitige Erfüllung von Aufgaben
- Planung des Tagesablaufs
- Nutzung der Zeit beim Arbeiten
- Literaturstudium (Orientierung bezüglich des Textinhalts, Schnelligkeit, Textverständnis))
- Verhalten in Prüfungen

Die Beobachtungen sollten in einem Heft oder in einem „Portfolio" registriert werden. Sie können dazu beitragen, dass du die Tutoriumsteilnehmer besser kennen lernst. Zur Vervollständigung können auch Meinungen der Professoren bzw. Dozenten eingeholt werden und Beobachtungen aus den vorherigen Jahren sowie andere zur Verfügung stehende Daten analysiert werden.

Anhang 3: Lernstile und Lerninhalte

David Kolb (1984) betont das Lernen durch Erfahrung, und zwar in dem Sinne, dass unser Überleben von unserer Fähigkeit abhängt, uns an die verändernden Bedingungen in der Welt anzupassen. Er berücksichtigt vier Phasen des effizienten Lernens, die gleichzeitig geschehen können: konkrete Erfahrung, reflexive Beobachtung, abstrakte Konzeptionierung und aktives Erleben:

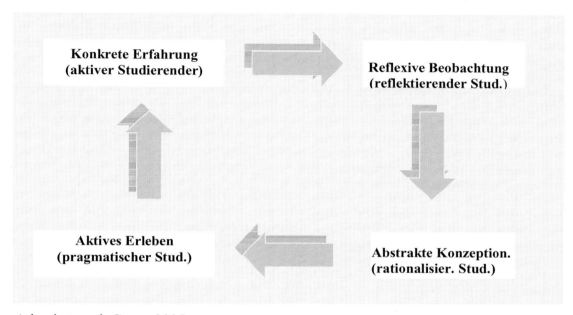

Adaptiert nach Cazau 2005

Die Studierenden könnten in verschiedenen Entwicklungsstufen jede dieser Phasen durchlaufen:

Die konkrete Erfahrung: In dieser Phase tendiert der Studierende dazu, sich persönlich mit den Menschen in Situationen des Alltags in Verbindung zu bringen. Er stützt sich vornehmlich auf seine Empfindungen, in der Erwartung, dass die theoretischen Aspekte von geringem Nutzen sind und dass man jede Situation als Einzelfall behandeln kann. Er lernt mehr über spezifische Beispiele, in denen er sich selbst einbringen kann, und mehr über Gespräche mit seinen Kommilitonen als über die Wissensvermittlung durch eine Autorität.

Reflexive Beobachtung bedeutet einen unvoreingenommenen und reflexiven Lernfokus. Der Studierende versucht, eine Idee vorsichtig zu beobachten, bevor er wertet, aber dies führt nicht zwingend zu einer Handlung. Er versucht, die Ideen und Situationen aus verschiedenen Perspektiven zu verstehen und fügt eigene Gedanken und Gefühle hinzu, um zur Bildung einer Meinung zu kommen.

Abstrakte Konzeptionierung weist auf einen analytischen und konzeptionellen Lernfokus hin, der mehr logischen Gedanken und rationalen Bewertungen folgt als den Gefühlen. Der Studierende orientiert sich mehr an Dingen und Symbolen, wobei er unpersönliche Situationen bevorzugt und

Situationen, in denen Autoritäten mit einem systematischen Ansatz bei der Entwicklung von Theorien und Ideen für die Lösung von Problemen helfen.

Aktives Erleben: der Studierende lernt besser, wenn er sich in Aktivitäten wie Projekten, Hausarbeiten oder Gruppendiskussionen einbringt. Praktische Lösungsansätze werden mehr geschätzt als die Beobachtung und Analyse von Problemen.

Durch die Kombination der differenzierten Entwicklungsstufe jeder Phase erhalten wir vier Lernstile. Diese stellen wir im Folgenden genauer vor:

1. **Divergenter Lernstil** *(Lernen durch reflexive Beobachtung)*: Die Studierenden mit diesem Stil haben Vorstellungskraft und die Fähigkeit, konkrete Situationen aus verschiedenen Perspektiven zu betrachten und Menschen zu verstehen. Sie sind kreativ und gefühlsbetont. Sie verfügen über viele Interessen, und das Sammeln von Informationen gefällt ihnen. Sie erreichen viel in künstlerischen und dienstleistungsbezogenen Studiengängen. Um Fähigkeiten zum reflexiven Lernen zu fördern, sollte praktiziert und geübt werden, für die Gefühle und Werte anderer Personen empfänglich zu sein, mit einem offenen Ohr zuzuhören, Informationen zu sammeln und sich in die Bedingungen und Konsequenzen unsicherer Situationen hinein zu versetzen.

2. **Assimilierender Lernstil** (Lernen durch *abstrakte Konzeptionierung und reflexive Beobachtung)*: die Studierenden interessieren sich mehr für abstrakte Ideen und Konzepte und halten es für wichtiger, dass eine Theorie logisch erscheint und Sinn macht, als dass sie praktischen Wert hat. Dies ist in rein wissenschaftlichen und forschungsnahen Studiengängen wichtig, wie zum Beispiel bei der Mathematik. Um diesen Stil zu entwickeln, können die Studierenden gebeten werden, Information zu strukturieren, konzeptionelle Modelle zu konstruieren, Theorien und Ideen zu überprüfen, Experimente zu entwickeln und quantitative Daten zu analysieren.

3. **Konvergenter Lernstil** *(Lernen durch abstrakte Konzeptionierung und aktives Erleben)*: die Studierenden können durch hypothetisch-deduktive Überlegungen Probleme lösen und Entscheidungen treffen. Sie setzen sich mehr mit technischen Aufgaben und Problemen auseinander als mit sozialen und interpersonalen Aspekten. Um diesen Stil zu fördern, können verschiedene Formen des Denkens und Handelns angeregt werden, mit neuen Ideen experimentiert, die besten Lösungen gewählt, Ziele vorgeschlagen und Entscheidungen getroffen werden.

4. **Akkomodierender Lernstil** *(Lernen durch konkrete Erfahrungen und aktives Erleben)*: die Studierenden lernen im Wesentlichen durch die Erfahrung, indem sie sich in neue herausfordernde Situationen begeben. Dieser Stil wird vor allem in Studiengängen, die stark handlungsorientiert sind (Marketing, Verkauf), gebraucht. Zu seiner Weiterentwicklung können Gruppenaktivitäten vorgeschlagen werden, in denen Führungsaufgaben erfüllt und Ideen wie Projekte ausgeführt werden können.

Anhang 4: Instrument zur Bewertung von Gruppen

1. Die Bewertung nach dem folgenden Bogen geschieht im Gespräch, und es sollten alle Studierenden anwesend sein und teilnehmen.
2. Jede Gruppe sollte ihre eigene Arbeit sowie die der anderen Gruppen, z.B. ihre Präsentationen, kennen. Zur Bewertung müssen sie sich auf Kriterien einigen, wie wir sie zum Beispiel in unserem Fragebogen vorschlagen.

KRITERIEN — *Bewertung*

Kriterien				
ANEIGNUNG UND SYSTEMATISIERUNG				
1. Sie beziehen sich bei der Präsentation auf die verwendete Literatur.				
2. Sie kommentieren die Quellen, derer sie sich bedient haben, und verwenden diese zur Klärung, Unterstützung oder Kritik.				
3. Sie benennen Schlussfolgerungen klar und präzise und beziehen sich dabei auf andere Arbeiten.				
4. Sie konzentrieren sich auf die Fragestellung.				
5. Sie verwenden ein wissenschaftliches Vokabular.				
6. Es gibt keine Widersprüche in den dargelegten Ideen.				
BEHERRSCHUNG DER LERNINHALTE				
7. Sie beantworten Fragen zu den Lerninhalten sinnvoll.				
8. Sie verwenden eigene Worte bei der Präsentation.				
9. Sie grenzen Inhalte ab, indem sie Beziehungen zu nicht Dargestelltem angeben.				
10. Sie stellen Inhalte gegenüber und vergleichen sie.				
11. Sie entwerfen und stellen mögliche Hypothesen vor.				
12. Sie kritisieren argumentativ die selbst vorgebrachten Inhalte.				
MATERIAL				
13. Sie bedienen sich eines visuellen Mediums.				
14. Sie beziehen sich häufig auf Literatur.				
KENNTNISSE DER ARBEITEN				
17. Sie stellen die Inhalte klar dar.				
18. Sie kommentieren andere Arbeiten und bringen Kritik an.				

Du kannst bei der „Bewertung" eine Abstufung wählen, die dir am passendsten erscheint (z.B. von „sehr gut" bis „sehr schlecht" oder von 100% bis 0%). Du kannst auch andere Kriterien nutzen je nachdem, wo der Schwerpunkt der Bewertung liegen soll.

Anhang 5: Fragebogen der Universität Göttingen zur Evaluation von Tutorien (WS 2002/03 - SS 2004)

1 Aufgaben der Tutorin/des Tutors	Ja	Nein
Begleitung einer Lehrveranstaltung		
Alternative zur Lehrveranstaltung		
Leitung einer Übungsgruppe		
Kontrolle von Übungen		
Betreuung von Referaten		
Unterstützung in der Prüfungsphase		
Hilfe bei allgemein relevanten Studienaufgaben		
Beratung und Hilfe bei persönlichen Schwierigkeiten		

2 Zum Tutorium	Stimme zu		...		Lehne ab
Die Ziele des Tutoriums sind deutlich.					
Das Tutorium ist überflüssig.					
Das Niveau der Inhalte ist zu niedrig.					
Die Relevanz für das Studium ist deutlich.					
Das Tutorium wird meinen Erwartungen gerecht.					
Die Veranstaltung ist langweilig.					
Die zusätzliche zeitliche Belastung ist zu hoch.					
Das Tutorium liegt zeitlich günstig.					
Das Tutorium hilft mir insgesamt sehr.					
Die Arbeitsbelastung durch das Tutorium ist zu hoch.					

	Ja	Nein
Das Tutorium ist obligatorisch.		

3 Die Tutorin/der Tutor...	Stimme zu		...		Lehne ab
kann schwierige Sachverhalte gut erklären.					
gestaltet die Veranstaltung lebendig und engagiert.					
geht sorgfältig auf Fragen und Einwände ein.					
hat die Sitzungen gut vorbereitet.					
wirkt kompetent.					
spricht akustisch gut verständlich.					
nimmt sich bei Fragen und Problemen genug Zeit.					
weiß über die Scheinanforderungen Bescheid.					
hat die Referate gut betreut.					
hat ausreichend Materialien eingesetzt.					
verhält sich den Studierenden gegenüber freundlich.					
ist auf Erwartungen der Studierenden eingegangen.					
scheint mit anderen Tutoren zu kooperieren.					
scheint gut mit dem Dozenten zusammenzuarbeiten.					

4 Im Hinblick auf welche Aspekte war das Tutorium hilfreich?

	Stimme zu		...		Lehne ab
Durchführung von Übungen					
Vermittlerfunktion zwischen Dozent u. Studierenden					
Aufarbeitung der Inhalte aus Vorlesung o. Seminar					
Orientierungshilfe bei Organisation des Studiums					
Orientierungshilfe an der Universität					
Hilfe bei Referatsvorbereitungen					
Hilfe bei der Bearbeitung von Hausaufgaben					
Hilfe bei der Vorbereitung auf die Klausuren					
Einführung in die wissenschaftliche Textarbeit					
Motivierung					
Unterstützung des Gruppenprozesses					
Sonstiges und zwar:					

5 Studierverhalten

i) Eigenes Studierverhalten	Immer		...		Nie
a) Ich bin pünktlich.					
b) Ich bin aufmerksam.					
c) Ich bin interessiert.					
d) Ich nehme aktiv teil.					
e) Fehlstunden	Anzahl:				

ii) Studierverhalten der Kommilitoninnen und Kommilitonen	Immer		...		Nie
a) Sie sind pünktlich.					
b) Sie sind aufmerksam.					
c) Sie sind interessiert.					
d) Sie nehmen aktiv teil.					
e) Sie stören die Veranstaltung					

6 Rahmenbedingungen

	Ja	Nein
a) Der Raum ist für die Teilnehmerzahl angemessen		
b) Die Sichtbedingungen im Raum sind günstig		
c) Die Akustik in diesem Raum ist günstig		

7 Gesamtbeurteilung des Tutoriums

	Hoch		...		Niedrig
a) Nutzen des Tutoriums					

b) Note für das Tutorium insgesamt (1, ..., 6):